언약은 하나님과 사귐이다

합신 포켓북 시리즈 02

언약은 하나님과 사귐이다

초판 1쇄 2018년 5월 17일

발 행 인	정창균
지 은 이	이남규
펴 낸 곳	합동신학대학원출판부
주　　소	16517 수원시 영통구 광교중앙로 50 (원천동)
전　　화	(031)217-0629
팩　　스	(031)212-6204
홈페이지	www.hapdong.ac.kr
출판등록번호	제22-1-2호
인 쇄 처	예원프린팅 (031)902-6550
총　　판	(주)기독교출판유통 (031)906-9191

ISBN 978-89-97244-48-5
값 7,000원

「이 도서의 국립중앙도서관 출판예정도서목록(CIP)은 서지정보유통지원시스템 홈페이지(http://seoji.nl.go.kr)와 국가자료공동목록시스템(http://www.nl.go.kr/kolisnet)에서 이용하실 수 있습니다.(CIP제어번호: CIP2018013910)」

언약은 하나님과 사귐이다

이남규

합신대학원출판부

발간사

우리는 정통개신교신자들입니다. 정통개신교는 명실공히 종교개혁신학의 가르침과 전통에 서 있습니다. 그러나 우리의 신학은 단순히 개혁자들의 가르침들을 재진술하는 정도에 머물러서는 안됩니다. 전문신학자들의 사변적 논의와 신학교 강의실에만 갇혀있어서도 안됩니다. 그것은 평범한 신자들이 알아들을 수 있는 말로 현장의 그들에게 전달되어야 합니다. 그리고 그들이 현장에서 늘 경험하는 현실의 문제들을 말해주어야 합니다. 다른 말로 하면, 우리의 신학은 오늘의 현장에서 작동하는 것이어야 합니다. 이것은 개혁신학을 탐구하는 신학도들이 걸머져야 할 중요한 책임입니다. 우리는 "신학의 현장화"라는 말로 이것을 요약해왔습니다.

"합신 포켓북 시리즈"는 이러한 노력의 일환으로 합신이 펼치는 하나의 시도입니다. 현장에서 신앙인들이 직면하는 특정의 문제, 혹은 신학이나 성경의 주제를 이해하기 쉬운 일상의 말로 풀어서 분량이 많지 않은 소책자의 형식에 담았습니다. 모든 신앙인들이 관심 있는 특정의 주제를 부담 없이 접하고 어려움 없이 이해하여 현장의 삶에 유익을 얻도록 안내하려는 것이 이 시리즈의 목적입니다. 이 시리즈의 책들을 교회에서 독서클럽의 교재로 사용할 수도 있습니다. 담임목회자들은 교회의 특별집회의 주제로 이 책을 선정하여 성도들이 이 책을 읽고 집회에 참여하도록 할 수도 있습니다.

현장에서 작동하는 신학이 되어야 한다는 신념으로 합신의 교수들이 정성을 들여 펼쳐내는 "합신 포켓북 시리즈"가 이 나라 교회현장의 신앙인들에게 이곳저곳에서 큰 유익을 끼치게 되기를 기대합니다.

합동신학대학원대학교
총장 정 창 균

서문

"인간의 행복은 어디에 있는가? 모든 선과 영원한
행복의 유일한 근원이신 하나님과 연합하여,
하나님과 사귀는 것에 있다"

올레비아누스의 책 『하나님의 은혜언약』Gnadenbund Gottes은 윗 문장으로 시작합니다. 이 포켓북의 제목은 여기에서 왔습니다. 처음 저 글귀를 읽고 머리를 한 대 얻어맞은 기분이었습니다. 왜냐하면 제게 언약은 언제나 신학의 논쟁을 위한 주제였기 때문입니다. 언약을 주제로 한 신학적으로 깊고 어려운 논의가 얼마나 많습니까? 그러나 언약은 신학적 논의를 위한 주제이기 전에 하나님의 백성이 누리는 특별한 사귐입니다. 음식이 어디서 왔는지 또 어떤 영양소를 함유했는지 아는 것도 중요하지만, 가장 중요한 일은 음식을 맛보고 즐기고 음식이 주는 힘을 얻는 것입니다. 언약에 관한 신학적 정보와 지식을 많이 아는 자보다,

예수 그리스도를 의지하여 하늘 아버지께 나아가 아버지를 부르며 기도하는 자가, 하나님과 사귀는 자며 언약이 주는 행복을 누리는 자입니다.

언약은 복잡한 신학적 논의 이전에 그리스도인이 누리는 하나님과 사귀는 복이라는 점을 알리고자 이 글을 썼습니다. 언약에 대한 신학 논의로 깊이 들어가지 않으며, 다만 언약교리를 개론적으로 소개합니다. 이 글이 본래 의도한 대상은 신학을 전문적으로 공부하지 않았으나 언약에 관심 있는 분들과 언약을 간략하게 정리하고 싶은 분들입니다.

이 글은 기본적으로 개혁신학의 공통적이며 전통적인 견해를 따릅니다. 특별히 새로운 것을 펼치지 않습니다. 전체적으로 특히 헤르만 바빙크의 『개혁교의학』과 올레비아누스의 『하나님의 은혜언약』과 우르시누스의 『신학요목문답』Catechesis, summa Theologiae의 영향이 발견됩니다. 둘째 주제 은혜언약을 다룰 때 올레비아누스의 영향이 있습니다. 일곱째 주제인 '언약과 교회사역'은 많은 부분에서 우르시누스를 참고했음을 밝힙니다.

16세기 중후반을 지났던 옛 사람 올레비아누스와 우르시누스의 언약관이 지금 이 시대에 어떤 의미가 있을까요? 사실 두 사람은 언약으로 신학 전체를 묶으려고 시도했던 첫 번째 분들로서 언약 교리사에 있어서 중요한 자리를 차지합니다. 언약에 대한 신학적인 깊은 논의나 논쟁 전에 있었던 이 두 신학자에게 은혜언약은 단순히 복음을 의미했습니다. 바로 이 점이 제 마음 속에 오래 남아 있었고 이 글을 쓰게 했던 것 같습니다. 언약의 이해는 복음의 이해와 맞닿아 있습니다.

이 책은 월간지 「다시 생각하는 그리스도인을 위한 RE」(그라티아)에 2013년 4월부터 10월까지 기고했던 글의 수정과 보충임을 밝힙니다. 책으로 묶을 수 있도록 허락해준 그라티아(대표 이운연 목사)에 감사드립니다. 또 합신 포켓북 시리즈를 시작하면서 부족한 글이 시리즈의 성격에 맞게 안착되도록 격려해주신 정창균 총장님께 감사의 말씀을 드립니다.

이 포켓북을 읽는 독자들에게 하나님과 사귐이 주는 위로와 기쁨이 조금이라도 더해지기를 바랍니다.

차 례

_발간사 04

_서 문 06

1. 행위언약 11

2. 은혜언약 27

3. 구원협약 39

4. 언약의 통일성과 차이점 49

5. 언약의 경영 61

6. 언약의 이중은택 75

7. 언약과 교회사역 85

1

foedus operum

행위언약

전세 계약서를 작성할 때 긴장하지 않습니까? 아무래도 목돈이 들어가는 것이니까요. 계약서는 중요하니까 잘 살펴보고 도장을 찍거나 서명을 합니다. 유럽은 대부분 서명을 합니다. 우리나라도 점점 서명하는 쪽으로 바뀌는 줄 압니다. 계약서에 서명을 하는 이유는 계약에 대한 자기의 책임을 분명하게 하기 위해서입니다. 함부로 도장을 찍거나 서명을 하면 안 된다고들 합니다. 이렇게 우리가 사는 사회에 계약이 무척 중요합니다. 크게는 나라의 지도자들끼리 만나서 하는 계약이나 협정, 작게는 핸드폰 계약서까지 우리가 사는 사회는 계약 없이 유지되지 않습니다. 인간이 살아가는 곳은 서류로 작성된 계약서, 구두로 한 약속, 어느 때는 말이 필요 없는 상호간의 약속으로 이루어져 있습니다. 계약 없이는 우리는 함께 살아갈 수 없습니다. 계약은 필수적이며 중요합니다. 하물며 하나님과 우리 사이의 계약은 얼마나 더 중요하겠습니까?

성경을 사랑하고 잘 이해하고 싶어 하는 이들에게 언약은 정말 중요한 주제입니다. 성경에서 삼백 번 정도 나타나니 얼마나 중요합니까? 하지만 여기에 대한 설명이 쉬운 것 같으면서도 간단하지가 않습니다. 언약에 대해서 어떻게 설명해 드려야 하는지 고민을 좀 해보았습니다. 교리사적으로 설명해드릴지, 아니면 조직신학적으로 설명해드릴지, 아니면 성경계시의 역사 순서로 설명을 해드릴지 말입니다. 그러다가 올레비아누스란 신학자가 하는 방식을 따라 설명을 시작하면 좋겠다는 생각을 했습니다.

카스파르 올레비아누스Caspar Olevianus, 1536-1587는 독일 트리어Trier라는 도시 출신인데 첫 번째 언약신학자라고 불리는 분입니다. 언약이란 개념이 이 분에게서 나왔기 때문이 아니라(언약의 개념은 성경에 나오지요), 언약이란 주제로 일생동안 묵상하고 책을 쓰고, 언약이란 주제로 모든 교리와 교회생활을 묵상했기 때문입니다. 오고 오는 모든 세대에서 '언약'만이 아니라 '언약신학'을 말하게 된 것은 이 분의 공로가 크다고 생각합니다.

올레비아누스는 『하나님의 은혜언약』Der Gnadenbund Gottes이란 책에서 이렇게 물으셨습니다. "인간의 행복은 어디에 있는가?" 답은 이렇습니다. "모든 선과 영원한 행복의 유일한 근원이신 하나님과 연합하여, 하나님과 사귀는 것에 있다." 정말 그렇다고 생각합니다. 인간이 가져야 하는 최고의 행복은 하나님의 사귐을 누리는 것에 있습니다. 사도 요한은 말합니다. "우리가 보고 들은 것을 너희에게도 전함은 너희로 우리와 사귐이 있게 하려 함이니 우리의 사귐은 아버지와 그의 아들 예수 그리스도와 더불어 누림이라 우리가 이것을 씀은 우리의 기쁨이 충만하게 하려 함이라"(요일 1:3-4) 사도가 보고 들은 것을 전하는 이유는 듣는 자들이 아버지와 그 아들 예수 그리스도와 누리는 사귐에 동참하게 하려는 것이었습니다. 즉 우리의 복음 선포는 영혼들을 하나님과 그 아들 예수 그리스도에게 데려와 그와 더불어 누리는 교제에 함께하기 위함입니다.

여기서 하나의 질문이 등장합니다. 하나님과 인간의 교제가 어떻게 가능할까요? 이런 질문이 등장하는 이유는 창조자 하나님과 피조물인 인간의 간격이 너무나 크기 때문입니다. 창조자와 피조물의 관계는 그 간격이 너무 커서 교제란 사실 불가능합니다. 우리는 여러 가지 동물을 봅니다. 동물도 사람처럼 생명을 가진 존재입니다. 그들은 사람처럼 숨을 쉬고 움직이고 보고 듣습니다. 하지만 동물은 사람과 다릅니다. 영적이지 않습니다. 하나님을 인식하여 예배할 수 없습니다. 그들이 하나님의 은혜를 입어 살아가지만, 즉 공중의 새를 먹이시고 입히시어 기르시는 분은 하나님이지만, 하나님께서 아버지와 자녀의 관계를 동물과 맺는 것은 아닙니다(마 6:26). 창조자와 피조물의 관계는 아직 언약관계가 아니란 것이지요.

그래서 언약이란 말을 떠올릴 때마다 가슴이 뛰죠. 하나님께서 인간이란 존재를 어떻게 대우하시려는지 알 것 같기 때문입니다. 창조자 하나님은 피조물에 불과한 인간을 언약의 파트너로 생각하셨습니다. 하나님은 사람을 자기 형상을 따라 지으시고 만물 위에 세우셨습니다(창 1:27-28). 하나님은 직접 생기를 그 코에 불어넣으셨습니다(창 2:7). 인간은 하나님의 소생으로 불립니다(행 17:28). 참으로 영혼을 가졌습니다. 이성과 양심을 갖고 선한 것을 바랍니다. 먹고 마시는 것이 우리에게 낙이 되지만 짐승처럼 거기서 멈추지 않습니다. 하나님을 알만한 것이 인간에게 있으며, 인간이 하나님을 안다고 성경은 말합니다(롬 1:19-20). 짐승과 동일한 것 같으나 하나님을 의식할 수밖에 없는 것이 사람에게 있습니다(전 3:18). 하나님은 사람의 마음에 영원을 주셨습니다(전 3:11). 시간 속에 살아가는 사람은 자기 마음속에서 영원을 바라봅니다. 시간 안에 살지만 시간에 만족하지 않고 영원을 바라봅니다. 우리는 하나님을 알 수 있도록, 예배할 수 있도록, 그와 교제할 수 있도록 창조되었습니다. 인간은 누구나 하나님과 사귀고 그를 예배함으로 행복하고자 하는 마음이 있습니다. 이것이 종교의 씨*semen reliogionis*라 불리는 것이지요.

인간이란 존재가 이렇게 귀하다는 것을 생각할 때마다 바로 내가 하나님의 언약의 파트너가 될 수 있도록 만들어졌다는 것을 생각하게 되고, 그 사실이 얼마나 놀라운지 모르겠습니다. 하루살이에 눌려 죽을 인생이지만(욥 4:19), 본래 사람을 향하신 하나님의 의도는 처음부터 하나님의 언약의 파트너였던 것입니다. 이렇게 사람이 하나님의 형상을 따라 지음을 받아 단순한 창조자와 피조물의 관계가 아니라 아버지와 자녀의 관계로 들어갈 수 있게 된 것이 하나님의 뜻이었다는 사실을 생각하면, 인간이란 존재 자체가 하나님의 은혜와 목적을 보여주는 계시라고도 할 수 있겠습니다.

언젠가 '언약'이란 단어를 싫어하는 분을 만난 적이 있었습니다. 그 분은 언약이란 단어는 하나님의 일방적인 약속과 맹세를 표현하는 말이니 굳이 언약이란 단어를 사용할 필요가 없다고 했습니다. 성경에서도 인간은 언약을 깨는 자로 등장하고, 결국 언약은 하나님이 이루시니 언약이란 하나님의 맹세라고 말했습니다. 언약이란 말은 필요하지 않고 하나님의 약속이나 맹세로 하는 것이 좋겠다는 의견이었습니다. 언약이란 단어가 인간을 높이 올리고 하나님의 주권을 훼손하는 것은 아닌가 하고 염려하는 듯이 보였습니다.

그러나 언약이란 단어는 하나님의 주권을 훼손하지 않습니다. 언약은 하나님의 일방적 약속과 맹세이며, 그 언약을 이루시는 분도 하나님이심을 부인하지 않습니다. 하나님은 자기 이름을 위하여 자기의 이름으로 약속과 맹세를 하시면서, 인간과 언약을 맺으셨습니다. 언약에서는 하나님의 높으심이 더욱 드러납니다. 첫째, 인간의 창조에서 인간을 향하신 하나님의 크신 계획이 나타납니다. 하나님의 말씀을 들으며, 하나님께 응답하며, 하나님의 명령을 받고, 하나님께 순종할 자로 지음 받았을 때, 인간은 감히 하나님과 언약의 파트너일 수 있는 '하나님의 형상'으로 지음 받았던 것입니다. 언약의 파트너는 아무 합리성과 자결권이 없는 나무 막대기가 아니기 때문입니다. 인간은 언약의 파트너로서 아무런 억압 없이 자유롭게 하나님을 사랑해야하기 때문입니다. 둘째, 하나님이 상을 약속하셨기 때문입니다. 인간은 하나님의 명령에 순종해야 마땅한 자입니다. 거기에 무슨 상을 기대할 수 없습니다. "하나님, 순종했으니 제게 상을 주세요. 순종하면 제게 영생을 주세요. 순종하면 저와 교제하는 것입니다"라고 말할 수 있는 위치가 아닙니다. 그러나 하나님은 먼저 낮아지셔서 인간에게 다가오시고 상을 약속하셨습니다. 언약을 맺으시면서, 영원히 살며 하나님과 교제할 수 있게 해주시겠다고 하셨습니다.

그래서 쌍방의 파트너가 필요한 '언약'이란 개념은 하나님의 주권을 손상하거나 앞서가는 선하심을 낮추는 단어가 아닙니다. 오히려 인간을 향하신 하나님의 특별한 계획과 하나님의 크신 선하심을 보여줍니다. 언약이 일방적(편무적, *monopleuron*)인지 쌍방적(쌍무적, *dipleuron*)인지의 해답은 여기서 어느 정도 해결되는 것 같습니다. 언약은 하나님께서 시작하시고 하나님께서 이루시는 것이니 틀림없이 일방적입니다. 그러나 또한 하나님께서 인간을 언약의 파트너로 대우하신다는 면에서 쌍방적이지요. 언약의 일방성과 쌍방성은 분리되거나 서로 대립하는 것이 아니라, 언약의 두 면일 뿐입니다. 이 두 면은 모두 인간을 향하신 하나님의 크심과 선하심을 보여줍니다.

우리가 올레비아누스의 첫 질문과 답으로 시작했듯이, 인간의 행복이 하나님과 연합하여 사귀는 것에 있다면, 그 사귐이란 일방성만이 아니라 쌍방성을 전제해야 합니다. 아! 어떻게 우리가 하나님의 언약의 파트너 취급을 받는단 말입니까? 왜 하나님은 우리를 그 높은 자리에 세우신다는 말입니까? 인간은 그 존재만으로도 이미 감히 상상할 수도 없는 위치에 서 있습니다.

웨스트민스터 신앙고백서 7장에서 언약을 잘 정리합니다. 여기서 하나님이 사람과 시작하신 첫 번째 언약을 행위언약*foedus operum*이라고 부릅니다. 어떤 분들은 이 행위언약이란 말을 좋아하지 않습니다. 행위언약도 은혜인데, 왜 행위언약이라고 부르냐는 말을 많이 들었습니다. 먼저 알 것은 언약이란 단어가 하나님이 이루시는 구원의 일방성을 부정하지 않았듯이, 행위언약이란 말도 우리를 향하신 하나님의 선하심을 부정하거나 손상하려고 만든 용어가 아니라는 것입니다. 이미 웨스트민스터 신앙고백서도 행위언약을 말하기 전에 하나님께서 친히 낮아지신 언약의 성격을 전제하고 있습니다.

행위언약이란 용어가 사용되기 전에 다른 용어들도 사용되었습니다. 행위언약은 상대적으로 늦게 교의학에 자리 잡은 용어입니다. "선악을 알게 하는 나무의 열매는 먹지 말라 네가 먹는 날에는 반드시 죽으리라"(창 2:17)는 명령이 인간을 창조하고 맺은 언약이기 때문에 창조언약으로 불리기도 했습니다. 또 아담과 맺어진 언약이기 때문에 아담언약으로 불리기도 했습니다. 에덴언약이란 용어도 사용되었지만 원복음으로 불리는 창세기 3장 15절도 에덴에서 맺은 약속이기 때문에 구분이 힘들었습니다. 그래서 더 좋은 용어가 등장했습니다. 인간 안에 본성적으로 심긴 양심과 도덕성과 자유의지에 근거하여서 맺어진 언약이며, 또 타락 후에도 이 언약에 대한 흔적이 인간 본성에 남아 있기 때문에 본성언약*foedus naturale*으로 불리기도 했습니다. 그러나 인간 본성 자체가 언약이 아니라 하나님이 주신 시험의 계명과 함께 언약이 시작한다는 점이 지적되면서 이 용어보다 다른 용어를 찾게 되었습니다. 하나님이 주신 계명에 의해 시작되었기 때문에 율법언약*foedus legale*이라고도 불렸으나, 율법 시대의 은혜언약(소위 옛 언약)과 구분이 어렵기 때문에 이 용어도 적당하지 않았습니다. 이 언약에 주어진 약속에 따라 생명언약covenant of life이라고 불렸으나, 은혜언약의 약속도 영생이므로 교의학을 위해선 완전히 만족스런 용어가 아니었습니다. 영생이 하나님의 계명에 순종하는 행위를 통해 획득되기 때문에 행위언약이란 용어를 사용하기 시작했습니다. 신학자들은 행위언약이란 용어가 성경의 내용을 잘 드러내준다고 생각한 것입니다.

제가 길게 이 용어의 역사를 언급한 것을 양해해 주십시오. 이 용어들에 행위언약이 갖는 성격이 어느 정도 드러나기 때문입니다. 인간을 창조할 때 에덴에서 아담과 맺은 이 언약(창조언약, 에덴언약, 아담언약)은 율법을 근거로 하며(율법언약), 이 율법에 대한 순종의 의무가 인간 본성에 새겨져 있고(본성언약), 인간이 소망해야 할 상급인 영생을 바라보는(생명언약) 것이기 때문입니다.

'생명언약'이란 용어는 웨스트민스터 소요리문답서에서 사용했습니다. 여기서 생명이란 단순히 오래 사는 것을 말하지 않습니다. 개혁신학자들은 행위언약 교리를 통해 창조된 인간이 순결한 상태 *status integ-*

*ritatis*이지만, 아직 영광의 상태*status gloriae*에 있지 않은 존재라고 말할 수 있었습니다. 하나님께서 선악을 알게 하는 나무의 실과를 먹지 말라고 명령하셨을 때, 그 명령에 대한 상이 단순히 죽지 않고 오래도록 사는 상태의 연속일 수 없습니다. 성경은 하나님께서 계명을 지키는 자에게 상을 주신다고 여러 곳에서 말씀합니다. 그리고 아담은 죄를 짓지 않을 수 있는 상태 *posse non peccare*였지만 아직 죄를 지을 수 없는 상태*non posse peccare*는 아니었습니다. 그는 죽지 않을 수 있는 상태*posse non mori*였지만 죽을 수 없는 상태*non posse mori*는 아니었습니다. 지상 복락을 누렸지만 아직 천상의 복락을 누리지는 않았습니다.

하나님은 계명을 지킨 자에게는 생명을 주십니다(레 18:5; 겔 20:11). 이 생명은 하나님과 연합하는 것이고 하나님과 사귀는 것입니다. 이기는 자가 받는 상은 하나님의 장막 안에서 하나님이 친히 그들과 동거함을 누리는 아들 됨입니다(계 21:3, 7). 이처럼 우주 만물의 역사는 인간이 하나님과 완전한 교제로 들어가며 끝이 납니다. 이것이 인간이 지음 받은 목적이요 인간이 있어야 될 참된 자리입니다. 아담은 시험의 계명에 순종함으로써 하나님의 절대적 권위를 인정하는 것을 보인 후에, 하나님과 완전한 교제를 나누며 말할 수 없는 기쁨을 누리는 영생에 이르러야 했습니다.

그리고 선악을 알게 하는 나무의 실과를 먹지 말라는 계명을 아담이 받았을 때, 아담은 사인이 아닌 공인으로서 받은 것입니다. 행위언약은 한 개인 아담과 맺은 일이 아니라, 인류를 대표하는 공인 아담과 맺은 일입니다. 따라서 아담이 죄를 범하였을 때, 당연히 그 죄책은 인류 전체에게 전가되는 것이지요. 한 사람으로 말미암아 죄가 세상에 들어오고 죄로 말미암아 사망이 왔으며, 이와 같이 모든 사람이 죄를 지었으므로 사망이 모든 사람에게 이르렀습니다(롬 5:12). 아담 안에서 모든 사람이 죽었습니다(고전 15:21-22).

우리가 잘 알듯이 우리의 첫 부모는 죄를 범하여서 행위언약을 파기하였습니다. 그리고 인간에겐 사망의 형벌이 주어졌습니다. 죄책과 부패 가운데 있는 인간은 더 이상 행위언약의 조건대로 율법을 완수함으로써 의롭다고 인정받아 하나님과의 완전한 교제로 나아갈 수 없습니다. 행위언약의 폐기는 인간의 부패와 무능력의 관점에서만 말해져야 합니다. 더 이상 행위언약을 만족시킬 가능성이란 인간에게 없다는 것입니다. 그러나 하나님께서 행위언약에서 인간에게 요구하셨던 율법의 요구가 폐기된 것은 아닙니다. 행위언약 안에서 요구하셨던 율법의 요구는 계속 남아 있어 모든 입을 막고 온 세상으로 하나님의 심판 아래 있게 합니다(롬 3:19).

행위언약에서 요구하는 율법의 완전한 성취는 하나님의 의로우심을 보여줍니다. 하나님은 자기의 의로우심을 포기함이 없이 구원을 이루십니다. 당연히 행위언약이 요구하는 율법의 완전한 성취 없이 영생 곧 하나님과 사귀는 복에 들어갈 수 없습니다. 은혜언약은 행위언약을 버리는 성격이 아니라 행위언약을 성취하는 성격으로 이해해야 합니다. 행위언약과 은혜언약은 완전히 반대되는 것이 아닙니다. 둘 다 영생이라는 동일한 목적을 가지며, 둘 다 율법을 포기하지 않고 율법의 성취를 전제합니다. 하나님께서 두 번째 아담을 통해 인간과 맺었던 이 첫 번째 언약을 친히 성취하시게 됩니다. 그러므로 우리는 은혜언약 안에 들어감으로 행위언약을 성취하는 자로 취급됩니다.

  이제 은혜언약에 대해 설명할 차례입니다. 은혜언약을 설명하려니 벌써 가슴이 뛰고 흥분됩니다. 그런데 그 내용이 길어서 여기에 계속 설명하는 것이 힘들 것 같습니다. 다음에 이 복된 은혜언약에 대해서 말씀드리겠습니다. 그때까지 평안하십시오. 우리를 향하신 성부 하나님의 한없으신 사랑, 참 하나님이시고 참 사람이신 언약의 중보자 우리 주 예수 그리스도의 은혜, 하나님과의 복된 사귐을 우리 안에 불러일으키시고 지속하시는 성령님의 교통하심을 묵상하며 오늘 하루를 보내려 합니다. 우리의 모든 구속의 일을 계획하시고 이루시사, 우리로 친히 자신과 교제하는 복에 들어가게 하신 성삼위일체 하나님을 찬양합시다.

2

foedus gratiae

은혜언약

이번엔 은혜언약에 대해서 말씀드릴 차례입니다. 인간의 최고의 행복은 하나님과 사귀는 것이라고 했습니다. 인간은 거기에 맞도록 하나님의 형상으로 창조함을 받았습니다. 우리가 순종하는 것이 마땅하지만, 하나님은 그 마땅한 순종에 영원한 교제라는 상을 주시려고 하셨습니다. 우리의 첫 부모는 타락하기 전에 하나님과 교제하고 있었고 선했습니다. 그러나 아직 완전히 영광스런 상태에 있지는 않았습니다. 아담은 아직 죄를 범할 수 있었고 죽을 수 있는 상태였지요. 아담은 죄를 범할 수도 없고 죽을 수도 없는 상태, 즉 완전히 영광스런 상태에 들어가야 했습니다. 그 영광스런 상태에 들어가는 길은 하나님께서 주신 명령에 순종하는 것이었습니다. "선악을 알게 하는 나무의 열매는 먹지 말라 먹는 날에는 반드시 죽으리라"(창 2:17). 이 명령에 순종해서 아담은 죽을 수 없는 상태에 올라가야 했습니다.

그런데 아담은 어떻게 했나요? 사단의 유혹에 넘어가서 하나님의 계명을 어겼습니다. 그러자 하나님과 사람의 관계에 큰 문제가 생겼습니다. 아담과 그의 아내가 여호와 하나님의 낯을 피하여 동산 나무 사이에 숨었다는 사실이 그것을 보여줍니다(창 3:8). 인간이 누리던 하나님과 교제하는 그 행복은 날아가 버렸습니다. 아담은 사인이 아닌 공인으로 범죄하였으므로 아담 안에 있던 온 인류는 비참함에 처했습니다. 온 인류가 하나님과 하나 됨을 깨트린 것입니다.

이제 인류의 첫 부모가 누리던 하나님과 교제하는 복은 없어졌습니다. 대신 원수 관계가 되었습니다. 당연히 행복이 사라졌습니다. 행복이 사라지자 불행이 찾아왔습니다. 믿음은 사라지고 불신이 들어왔습니다. 생명은 물러가고 죄와 죽음이 들어왔습니다. 인간은 죄책과 부패를 짊어지게 되었습니다. 죄책과 부패가 의미하는 것은 하나님의 계명에 순종함으로 하나님께 나아가서 하나님과 사귀는 복에 참여할 수 없게 되었다는 말입니다. 죄책 때문에 하나님의 진노 아래 있게 되었습니다. 부패 때문에 순종할 수 없게 되었습니다. 우리가 주변에서 듣는 온갖 슬픈 소식들, 뉴스에서 보게 되는 끔찍한 사건들은 하나님으로부터 멀어진 우리 인간의 부패를 알려줍니다.

여기서 처음 질문으로 돌아가 봅시다. 인간의 행복이 하나님과 사귐을 누리는 것에 있다고 했는데, 하나님과 인간의 교제가 가능할까요? 왜냐하면 죄책과 부패 가운데 있는 사람은 하나님과 원수 관계에 있지 교제 관계는 아니기 때문입니다. 사람과 하나님이 어디에 있는지 비교해 보십시오. 사람은 죄책과 부패 가운데 있는데, 하나님은 완전하시고 의로우십니다. 인간은 하나님을 미워하고 이웃을 미워하므로 날마다 더 많은 죄책을 쌓고 있습니다. 죄를 향해 진노하시는 공의로우신 하나님과 날마다 죄를 더하고 있는 인간이 어떻게 함께할 수 있겠습니까? 인간 행복의 길,

곧 하나님과 교제하는 길은 인간 편에서는 불가능하게 된 것입니다.

그러면 하나님은 인간에게 어떻게 하셨을까요? 먼저 우리가 확인할 내용은 하나님께서는 인간을 구원하셔야 할 어떤 의무도 없었다는 사실입니다. 오히려 하나님께서는, 인간이 언약을 깨트렸을 때 즉시 인류를 멸망시키실 수 있었습니다. 그런데 감사하게도 하나님께서는 그렇게 하시지 않고 인간을 구원하기 원하셨습니다. 인간의 구원이 인간 편에서 시작될 수 없었기 때문에 하나님께서는 인간 편에서 시작되는 관계 회복을 기다리지 않으셨습니다. 하나님께서 먼저 시작하신 것입니다.

여기서 우리가 기억할 것이 있습니다. 하나님은 악인을 의롭다고 하지 않으신다(출 23:7)는 것입니다. 하나님께 죗값을 치루지 않은 단순한 사면은 있을 수 없습니다. 사면 얘기가 나오니까 우리나라에서 벌어지는 사면이 생각납니다. 우리나라는 정치적 배경이 있거나 경제적 배경이 있는 사람들에게 사면을 쉽게 해주는 경향이 있어서 논란이 되곤 합니다. 인간은 쉽게 해주는 사면을 하나님은 하지 않으십니다. 하나님은 공의로우시기 때문입니다. 하나님은 사면을 위해서 자신의 의를 성취하시기를 포기하지 않으십니다. "선악을 알게 하는 나무의 열매는 먹지 말라 먹는 날에는 반드시 죽으리라"(창 2:17)는 말씀은 사라지지 않습니다. 하나님께서 행위언약 안에서 했던 명령은 사라지지 않고 영원히 살아 있습니다. 하나님의 율법은 영원합니다. 하나님의 율법이 포기되는 구원은 없습니다.

그러면 어떤 방법이 있을까요? 하나님은 공의를 포기하는 방식이 아니라, 오히려 성취하는 방식으로 인간을 구원하십니다. 이 얼마나 놀라운 하나님의 지혜입니까? 공의를 성취하는 구원의 길이 인간 편에서 불가능하기 때문에, 하나님은 스스로 그 일을 성취하십니다. 하나님은 친히 이 구원의 길, 곧 생명의 길, 인간이 자신과 교제하는 복에 이르는 길을 준비하셨습니다. 우리가 하나님께 화목되는 길을 친히 준비하셨으니 이 얼마나 감사한 일입니까?

하나님이 준비하신 화목의 길은 중보자를 통한 길

이었습니다. 그러면 중보자는 어떠해야 할까요? 죄인인 인간이 다른 인간의 중보자가 될 수 있을까요? 없습니다. 왜냐하면 죄인은 자신의 죗값을 치르기에도 부족하여서 다른 이의 죗값을 치를 수 없기 때문입니다. 그러면 천사가 중보자가 될 수 있을까요? 천사는 사람이 아니라서 죗값을 치를 수 없습니다. 나아가 천사를 비롯하여 어떤 피조물도 죄를 향한 하나님의 진노의 무게를 감당할 수 없습니다. 죄인을 향한 하나님의 진노는 죄 없는 사람이 감당해야 하며, 하나님의 진노의 무게는 하나님의 능력으로만 감당할 수 있습니다. 그래서 우리의 중보자는 오직 참 사람이시며 참 하나님이신 예수 그리스도뿐이십니다.

중보자 예수 그리스도의 죽으심은 언약의 기초입니다. 그는 우리를 위해 자신을 제물로 드리고 우리를 위한 의를 얻으셨습니다. 하나님과 우리의 화목을 위해서 그의 죽음은 필수적이며 또한 충분한 기초가 됩니다. 은혜언약은 그리스도의 죽음에 기초해 있습니다. 만일 하나님과 화목할 수 있는 유일한 방법이 아니라면 그의 죽음은 헛되었을 것입니다. 예수 그리스도를 통해 하나님은 우리 아버지가 되시고 우리는 하나님의 자녀가 되었습니다.

예수 그리스도를 믿는 자는 참 행복의 길, 곧 하나님과 교제하는 길로 들어갑니다. 그래서 옛 신학자들은 예수 그리스도를 언약의 중보자라 칭했답니다. 특별히 예수 그리스도의 십자가의 죽음을 언약의 기초라고 불렀습니다. 영생의 복이 중보자의 죽음으로 얻어지기 때문에, 이 언약은 유언*testamentum*으로도 불렸습니다.

이 언약이 유언으로 불린 다른 이유는 하나님과 사람 사이의 언약을 감히 인간사회에서 사용되는 '계약'*pactum*이란 용어로 부를 수 없었기 때문입니다. 그래서 오래전부터 교회는 계약보다는 유언을 사용해 왔습니다. 왜냐하면 이 언약은 일차적으로 대등한 파트너가 참여하는 계약이 아니라 하나님의 일방적 약속이기 때문입니다. 우리가 잊지 말 것은, 하나님이 자신의 일방적인 약속과 맹세로 자신을 친히 우리에게 묶으셨다는 것입니다.

은혜언약에 대한 첫 번째 특별계시는 순전히 하

나님 자신의 의지의 선언입니다. 타락 후에 하나님은 뱀에게 "내가 너로 여자와 원수가 되게 하고 너의 후손도 여자의 후손과 원수가 되게 하리니 여자의 후손은 네 머리를 상하게 할 것이요 너는 그의 발꿈치를 상하게 할 것이니라"(창 3:15)고 말씀하셨습니다. 아브라함에게 말씀하시기를, "내가 내 언약을 나와 너 및 네 대대 후손 사이에 세워서 영원한 언약을 삼고 너와 네 후손의 하나님이 되리라"고 약속 하십니다. 또 "네 씨로 말미암아 천하만민이 복을 받을 것이라"(창 22:18)고 하셨습니다. 그리고 자신의 약속대로 하나님은 친히 이 일을 성취하십니다. 때가 차매 독생자를 세상에 보내셨습니다(갈 4:4). 우리가 아직 죄인 되었을 때에 그리스도께서 우리를 위하여 죽으심으로 하나님께서 우리에게 대한 자기의 사랑을 확증하셨습니다(롬 5:7, 8). 죄를 알지도 못하신 이를 우리를 대신하여 죄로 삼으신 것은 우리로 하여금 그 안에서 하나님의 의가 되게 하려 하심입니다(고후 5:21). 그래서 한 사람이 순종하지 아니함으로 많은 사람이 죄인 된 것 같이 한 사람이 순종하심으로 많은 사람이 의인이 되었습니다(롬 5:19).

그러므로 우리의 구원은 하나님 홀로 이루신 것입니다. 하지만 하나님은 이 일방적인 구원의 일을 여러 곳에서 '언약'이라고 하셨습니다. 언약은 약속과는 조금 다릅니다. 언약에는 쌍방적인 면이 추가됩니다. 하나님은 자신을 우리의 아버지가 되신다는 맹세 안에 묶으시고, 동시에 우리도 아버지의 자녀가 되겠다는 맹세에 우리 자신을 묶는 것입니다. 우리의 신앙고백 없이는 이 언약에 참여할 수 없습니다.

그러면 은혜언약은 조건적일까요? 은혜언약이 우리의 맹세나 믿음을 조건으로 한 언약일까요? 믿음과 맹세 없는 은혜언약은 없다는 의미에서라면, 그렇다고 해야 합니다. 그러니까 믿음이 은혜언약에 필수적이라는 의미에서, 즉 "믿음 없는 은혜언약은 없다"는 의미에서라면 조건적이라고 할 수 있습니다.

그러나 언약의 파트너가 서로 동등하게 무엇을 맞바꾸는 언약이라는 의미에서는 조건이 아닙니다. 우리 자신의 능력으로 '믿음'이라는 조건을 성취해야 언약이 시작한다는 의미로서 조건은 아니라는 말입니다. 은혜언약의 은택을 즐기는 것이 우리의 어떤 공로나 조건에 달려 있지 않습니다. 우리는 은혜언약의 은택에 어떤 것도, 물 한 방울도, 한 번의 날숨도 보탤 수 없습니다. 우리가 무엇을 보태야만 한다는 것은 얼마나 절망적입니까? 믿음이든 순종이든 그것이 아무리 작은 것이라고 해도, 은혜언약에 들어가기 위해서 우리의 능력으로 무엇을 추가해야 하는 조건이라면, 우리에게 구원은 불가능합니다. 믿음을 인간이 시작해야 할 조건으로 삼는 자는 하나님의 은혜언약을 새로운 행위언약으로 만드는 자입니다. 어떤 선도 행할 수 없는 부패한 인간에게 선을 가져오라고 하는 것은 불가능하기에 절망적입니다.

지금 우리가 은혜언약 아래 있다는 것이 얼마나 좋은지 모르겠습니다. 은혜언약은 값없는 언약입니다. 이 언약이 값이 없다고 하는 이유는 중보자의 공로가 값없이 우리에게 전가되기 때문입니다. 나아가 이 언약에 들어가는 방식인 믿음도 값없이 주어지기 때문입니다. 그래서 값없는 언약, 곧 은혜언약입니다. 우리가 받게 되는 영생이라는 상급이 그리스도의 공로로 값없이 주어집니다. 이 공로를 받는 길인 믿음도 주께서 값없이 주십니다. 들어가는 방식도 주께서 우리 안에 준비하시고, 마지막까지 우리 안에서 이루신 다는 의미에서 완전히 값없는 언약입니다.

이것이 얼마나 놀랍습니까? 보통 계약에서는 참여하는 쌍방이 동시에 무엇인가를 주어야 하는데, 은혜언약은 그렇지 않기 때문입니다. 은혜언약에서는 처음부터 끝까지 오직 하나님만이 주시는 분입니다. 우리는 다만 받을 뿐입니다. 그리고 받는 능력도 바로 하나님의 선물입니다. "그런즉 자랑할 데가 어디냐 있을 수가 없느니라"(롬 3:27).

시간이 많이 늦었습니다. 선택과 언약에 대해서는 다음에 나누기로 하지요. 올 봄은 유난히 춥네요. 그런데도 꽃들은 피었습니다. 곧 금방 더워지고 산과 들은 푸르러지고 꽃들로 뒤덮이겠지요. 우리는 약하고, 우리의 부패는 아직 남아있고, 세상은 어렵고 힘들어도 우리의 위로는 하나님밖에 없습니다. "만군의 여호와의 열심이 이를 이루시리라"(사 9:7).

3

pactum salutis

구원협약

날씨가 꽤 더워졌네요. 날씨가 갈수록 더워진다니 걱정입니다. 인간의 환경파괴로 인한 지구온난화 때문에 그렇다는데, 인간의 욕심이 줄어들지 않을 것이니 해마다 온도가 오를 일만 남은 것 같네요. 구원이 욕심 많은 인간에게 근거하지 않고, 온전히 하나님께 근거해 있으니 얼마나 감사한지 모르겠습니다.

오늘은 시간 전의 언약에 대해 말씀드리려 합니다. 개혁신학자들은 구원을 위한 은혜언약이 하나님에게서 시작된다는 내용을 '구원협약'*pactum salutis*이라는 개념을 사용해서 설명하곤 했습니다. '구원협약'이란 시간 전에 삼위 하나님 안에서 있었던 내용입니다. 우리가 하나님이 인간과 맺으신 언약을 다루고 있지만, 그 언약이 이 구원협약과 밀접하게 관련되는 것이므로 꼭 다루어야 합니다.

우선 용어의 번역에 대한 설명을 조금 하고 시작하는 것이 좋겠습니다. '구속언약'이라 불리곤 합니다. 자주 이렇게 불렸다는 것을 저도 알고 있습니다. '구속언약'으로 불리게 된 것은 영어에서 사용되는 'covenant of redemption'을 번역했기 때문입니다. 이 영어 단어는 라틴어 *'pactum salutis'*를 번역한 것입니다. 여기서 *pactum*이 '언약, 계약, 협약'이라는 의미이고 *'salutis'*는 구원*salus*이라는 단어의 속격입니다. 여기서 흥미로운 것은 은혜언약*foedus gratiae*에서나 행위언약*foedus operum*에서는 *foedus*라는 단어를 사용했는데, 구원협약(구속언약)을 말할 때는 *pactum*이라는 단어를 사용한 것입니다. 신학자들은 하나님과 인간 사이에는 언약*foedus*이라는 단어를, 삼위 하나님 내에서는 협약*pactum*이라는 단어를 구분해서 사용한 것이지요. 완전히 대등하신 삼위 하나님 사이의 협약은 하나님과 인간 사이의 언약과 구분되기 때문입니다.

이런 종류의 고민은 성경을 대하는 자들에게 종종 있어 왔던 일입니다. 구약성경을 헬라어로 번역할 때, 번역자들은 '베리트'(언약)란 단어를 당시 일반적인 계약을 뜻하던 '순데케'로 번역하지 않고 유언을 뜻하는 '디아데케'로 번역했습니다. 왜냐하면 하나님과 인간 사이의 언약을 대등한 언약이라고 생각하지 않았기 때문입니다. 그리고 이 '유언'을 뜻하는 단어는 예수 그리스도의 죽음으로 얻어지는 구원 때문에 더욱 힘을 얻게 되었습니다. 그래서 성경이 라틴어로 번역되면서 '*Testamentum*'(유언)으로 번역되었습니다. 이것이 영어로 번역되면서 'Testament'(유언)가 된 것입니다. 이 전통 가운데서 구약을 'Old Testament' 신약을 'New Testament'로 부르게 된 것이지요. 하나님과 인간 사이의 언약이 '디아데케'라면 삼위 하나님 내의 언약은 대등한 것이므로 완전한 '순데케'일 것입니다.

17세기 개혁신학자들도 삼위 하나님 안에 있었던 구원의 결정을 생각하면서 기존에 사용되었던 '언약'*foedus*이란 단어보다는(왜냐하면, 그것이 하나님과 인간 사이의 언약을 주로 말했음으로) '협약'*pactum*이란 단어를 사용하게 된 것입니다. 저는 이런 의미를 살린다는 뜻에서 *pactum salutis*를 '구원협약'이라고 부르는 것에 동의합니다. 그렇다고 '구속언약'이란 단어가 틀린 것은 아니지만 '구원협약'이란 단어가 이 단어가 갖는 개념을 더 잘 드러내주기 때문에 더 낫다고 생각합니다.

구원협약이 은혜언약과 분리되지 않기 때문에 구원협약을 생각할 때에 은혜언약의 기초인 중보자 예수 그리스도를 먼저 생각해야 합니다. 죄인을 구하려면 죄책의 제거가 필요합니다. 그리고 이 일을 하실 분은 참 하나님이시고 참 사람이신 중보자 예수 그리스도밖에 없습니다. 하나님과 우리의 화목을 위해서 그리스도의 죽음은 필수적이며 또한 핵심 기초가 됩니다.

구원협약은 중보자 예수 그리스도가 하실 일이 시간 안에서 계획된 것이 아니라 시간 전에 이미 계획되었다는 것을 말해줍니다. 은혜언약은 시간 안에서 하나님이 구원을 경영하시면서 인간과 맺으신 언약입니다. 그러나 성경은 시간 안에 나타난 구원의 경영이 시간 안에서 비로소 하나님이 계획하신 일이라고 말하지 않습니다. 오히려 시간 전에 있었다고 우리를 가르칩니다. 창세전에 그의 뜻의 결정대로 일하시는 하나님의 계획이 있었습니다(엡 1:4, 11). 헤롯과 본디오 빌라도가 이방인과 이스라엘 백성과 함께 거룩한 종 예수를 거스른 것은 하나님의 뜻이 이미 결정한 것을 이루는 것이었습니다(행 4:27-28). 예수 그리스도께서 십자가에 못 박혀 구원을 이루시는 것이 시간 전에 결정된 것입니다. 예수 그리스도는 주께서 택하신 여호와의 종이었습니다(사 42:1; 마 12:28). 그가 하늘에서 내려오신 것은 그의 뜻이 아니라 그를 보내신 이의 뜻을 행하기 위함이었습니다(요 6:38). 아버지께서 그에게 주신 자가 있고 그들을 마지막에 살리십니다(요 6:39). 주님께서는 "아버지께서 내게 하라고 주신 일을 내가 이룸"으로 성부를 영화롭게 하신다고 말씀하십니다(요 17:4).

이처럼 성경은 성자께서 창세전에 자신이 하실 일을 미리 성부로부터 받았다는 것을 알려줍니다. 은혜언약의 기초인 중보자 예수 그리스도께서 하실 일이 창세전에 미리 계획된 것입니다. 그래서 몇몇 개혁신학자들은 이것을 삼위 하나님 안에 있는 성부와 성자 간의 협약으로 표현하고 이해했습니다. 성부는 계획을 따라 독생자를 택하여 하나님과 사람 사이의 중보자가 되게 하셨습니다. 성자는 성부가 자신에게 주신 자들을 위해 죗값을 만족스럽게 치르기로 하셨습니다. 그리고 그들을 십자가의 희생을 통해 하나님께 화목 시키기로 하셨습니다. 성령 하나님이 이 구원을 적용하시기로 하셨습니다.

그래서 구원협약은 무엇보다 시간 안에서 이루어지는 하나님의 일들이 영원 전에 결정되어 있다는 사실을 말해줍니다. 하나님께서 시간 안에서 은혜언약을 알려주셨지만 그것은 삼위하나님의 영원한 기초를 갖는 것이지요. 우리의 구원이 시간 안에서 그 기초를 갖는 것이 아니라, 영원 속에서 그 기초를 갖기 때문에 하나님과 인간 사이의 언약은 흔들리지 않는 견고한 언약이 됩니다. 은혜언약은 변하지 않으며 견고하며 확실할 수밖에 없습니다. 주의 뜻이 영원 전에 서기 때문입니다.

이쯤에서 자주 제기되는 질문을 다루는 것이 좋을

듯합니다. 구원협약이 시간 전에 하신 일이면 작정이나 예정과 무슨 차이가 있는가? 또는 예정으로 충분하지 않는가? 왜 굳이 구원협약을 가져와야 하는가?

모든 교리가 마찬가지이듯 구원협약을 예정이나 선택에서 분리할 수 없다는 것입니다. 하나님은 하나님과 그의 사역에 대해서 우리에게 말씀하셨고, 우리는 그 말씀을 따라서 하나님의 일을 말해야 합니다. 그 내용들을 다루고 전달할 때에 어떤 개념을 사용할 뿐이지 교리는 분리되지 않습니다. 각 교리는 어떤 것을 중심으로 다룰 뿐이지 사실 다 연결되어 있다고 생각해야 합니다. 예정이나 선택이란 개념을 사용해서 창세전에 계획된 하나님의 구원의 일과 대상을 설명합니다. 하나님께서 때가 되어 선택하신 자를 이 땅에서 부르시지만, 그 일은 창세전에 선택된 것의 실행입니다. 시간 안에서 살아가는 우리는 인류 중에서 얼마가 뽑혀서 교회 안에 들어온 것을 지금 보게 되지만, 그것을 위한 선택이 창세전에 하나님께 있었다는 것입니다. 이것이 선택교리에서 주로 설명하려는 내용입니다. 중보자 예수 그리스도께서 십자가의 희생을 통해 속죄사역을 이루시고 그것을 적용하시는 일은 분명 시간 속에서 되는 일이지만, 창세전에 삼위 하나님 안에서 계획되었다는 점에 구원협약은 더 초점을 맞춥니다. 은혜언약 안에서 중보자 예수 그리스도의 구속사역은 시간 안의 일이지만, 그 일의 계획은 창세전에 삼위 하나님 안에 있었다는 것입니다.

구원협약은 은혜언약의 통일성을 분명하게 알려준다는 것을 기억해야 합니다. 그리스도께서 성육신 하셨을 때 성자의 존재가 시작했거나 사역을 처음 시작한 것이 아닙니다. 성령님이 오순절 강림하시면서 처음 존재하기 시작했거나 사역을 시작했다고 말할 수 없습니다. 구약에 있었던 성도들에게 그리스도의 성육신도 없었고 십자가의 구속사역도 없었고 성령의 구원의 적용도 없었다고 말할 수 없습니다. 구원협약에서 이미 성자의 보증이 있기 때문에 구약의 성도들에게도 그리스도의 구속사역이 유효하며, 성령에 의해 적용될 수 있었습니다. 아담의 타락 후에, 구원협약에 의해 성자는 중보자로서 그 구속활동을 이미 시작하셨고, 성령도 구속의 적용자로서 사역을 시작하셨습니다. 그래서 구약과 신약에서 한 중보자, 한 성령, 한 구원의 방식, 하나의 은혜언약만이 있을 뿐입니다.

웨스트민스터 신앙고백서를 소개하고 싶습니다. 8장 1항에서 구원협약이란 단어를 사용하진 않지만 그 내용이 어느 정도 드러나고 있습니다.

> "하나님은 자신의 영원하신 목적을 따라 자신의 독생자이신 주 예수를 택하시고 정하셔서 하나님과 사람 사이의 중보자, 선지자, 제사장, 왕, 자신의 교회의 머리와 구주, 만유의 후사 그리고 세상의 심판자가 되게 하시기를 기뻐하셨다. 하나님은 영원 전부터 그에게 한 백성을 주시어 그의 후손이 되게 하셨고 적당한 때에 그로 말미암아 구속함을 받고 부르심을 받고 의롭다 함을 받고 성화되고 영화롭게 되도록 하셨다"

예전의 개혁신학자들 가운데는 구원협약의 내용을 전달하지만 단어를 사용하지 않았던 분들도 계시고 단어와 내용을 함께 말했던 분들도 계십니다.

생각해보니 오늘은 하나님께서 인간과 맺으신 언약을 직접적으로 다루지 않았네요. 삼위 하나님 안에 있었던 협약을 다루었습니다. 그러나 앞서 설명해 드렸듯이 둘은 분리할 수 없습니다. 오히려 은혜언약은 구원협약 위에 근거해 있기 때문입니다.

이제 마무리해야 합니다. 건강 조심하십시오. 들어온 감기가 쉽게 나가질 않습니다. 병원을 여러 번 다니고 주사도 맞고 약도 먹지만 낫지를 않습니다. 이처럼 하루살이에 눌려 죽을 정도로 약한 우리의 구원이 어떻게 가능할까요? 시간 안에서 살아가는 우리는 여전히 약하며, 우리 안에는 부패가 있고, 우리 밖에는 환난과 유혹이 있습니다. 그러나 시간 안에서 만나는 이 모든 것들이 영원 전에 정해진 우리 주 그리스도 예수 안에 있는 하나님의 사랑을 이길 수 없다는 사실에 위로와 힘을 얻습니다.

4

unitas et discrimen

언약의 통일성과 차이점

날씨가 정말 덥습니다. 이 무더위 잘 견디고 계신가요? 뜨겁게 내리쬐는 이 태양이 따뜻한 봄 햇살을 가져왔던 그 태양과 똑같은 태양일까요? 아무도 다른 태양이라고 생각하지 않을 겁니다. 따뜻한 봄을 가져오는 해와 무더위를 가져오는 해는 동일한 태양입니다. 동일한 태양 아래 있는데 날씨가 다르다고 다른 태양이라고 말할 수 없는 것처럼, 언약의 실행에서 다른 방식이 발견된다고 구약과 신약을 다른 언약이라고 말할 수 없습니다. 둘은 동일한 은혜언약이지요. 오늘은 구약과 신약, 즉 옛 언약과 새 언약의 통일성과 차이점에 대해서 말해봅시다.

성경은 옛 언약과 새 언약의 차이를 분명히 한다는 점에서부터 시작하는 것이 좋겠습니다. 우리가 구약과 신약이라 나누어 칭하는 이유는 사실 둘이 분명히 구분되기 때문입니다. 하나님께서 이미 예레미야 선지자를 통해서 말씀하셨습니다. "여호와의 말씀이니라 보라 날이 이르리니 내가 이스라엘 집과 유다 집에 새 언약을 맺으리라 이 언약은 내가 그들의 조상들의 손을 잡고 애굽 땅에서 인도하여 내던 날에 맺은 것과 같지 아니할 것은 내가 그들의 남편이 되었어도 그들이 내 언약을 깨뜨렸음이라 여호와의 말씀이니라"(렘 31:31-32). 신약에서는 히브리서에서 옛 언약과 새 언약을 분명히 구분하고 있습니다. 히브리서에 의하면 새 언약과 비교할 때 첫 것은 낡아지는 것이고 쇠하는 것이며 없어져 가는 것입니다(히 8:13). 율법은 장차 올 좋은 일의 그림자일 뿐 참 형상은 아니라고 합니다(히 10:1).

성경은 한 중보자를 말합니다. 예수 그리스도는 어제나 오늘이나 영원토록 동일하십니다(히 13:8). 다른 이로써는 구원을 얻을 수 없나니 천하 인간에 구원을 얻을 만한 다른 이름을 우리에게 주신 일이 없습니다(행 4:12). "너희 조상 아브라함은 나의 때 볼 것을 즐거워하다가 보고 기뻐하였느니라"(요 8:56). 구약에서도 우리처럼 복음이 전해졌고 이 복음을 믿음으로 받아들이는 것이 안식에 들어가는 방식이었습니다(히 4:2). 그리고 아브라함은 신구약의 통일성의 좋은 예로서 등장합니다. 아브라함의 무할례시에 믿은 믿음이 의로 여기심을 받아 믿는 모든 사람의 조상이 되었기 때문입니다(롬 4:16).

이렇게 성경은 옛 언약과 새 언약을 구분하면서도 통일성을 함께 말하고 있습니다. 우리도 신구약의 통일성과 차이점을 알고 있어야 합니다. 교회 역사에서는 통일성을 깨려는 시도들이 있었고 차이점을 무시하려는 시도들도 있었습니다. 언약의 통일성과 차이점은 그리스도의 위격을 어떻게 이해할 것이냐는 주제까지 연결되는 아주 중요한 문제입니다. 이 문제를 자세히 살펴보는 것이 좋을 것 같군요.

초대교회 안에 복음이 퍼져 나갈 때, 바리새파 중

어떤 이들이 이방인들에게 할례와 모세의 율법을 지킬 것을 요구했습니다(행 15:5). 이 문제는 초대교회 안에서 심각한 문제였다는 것을 알 수 있습니다(고전 7:18; 갈 5:3). 할례파 문제는 골치 아픈 문제였습니다(딛 1:10). 후에 극단적인 유대주의는 그리스도의 신성을 명시적으로 부인하는 데까지 나가게 됩니다. 이런 신구약의 차이점을 무시하는 자들은 새 언약에 흠집을 내고 구약에 머무르려는 모습을 보여줍니다. 그들은 그리스도를 훌륭한 선지자로 대우하지만 그리스도의 구속의 완전성을 부인하거나 손상을 입힙니다.

교회는 여기에 대해서 신구약의 차이점을 말해야만 했습니다. 신구약의 차이점을 말하는 것은 그리스도의 구속의 완전한 성취를 인정하는 것과 연결이 되기 때문입니다. 그리스도의 십자가만을 바라보지 않고, 구약의 예식법을 지키려는 자가 있다고 생각해 봅시다. 그것은 그리스도의 십자가를 욕되게 하는 일입니다. 교회는 "모세의 법대로 할례를 받지 아니하면 능히 구원을 받지 못하리라"(행 15:1)는 교리를 거절했습니다. 교회의 대답은 "주 예수의 은혜로 구원받는 줄을 믿노라"(행 15:11)입니다. 할례와 모세의 율법에 머무르려는 자들을 향해서 성경은 "다른 복음"(갈 1:6)이라고 하며, 다른 복음을 전하는 자들에게 저주를 선언합니다(갈 1:8, 9). 신구약의 차이점을 인식하는 것은 이처럼 중요한 문제입니다.

여러 신학자들은 이 차이점에 대해서 다양한 방식으로 말해왔답니다. 이 사실을 잘 인식하고 정리한 이들은 개혁파 신학자들이었지요. 그들 중 자카리아스 우르시누스라는 신학자가 정리한 내용을 소개하고 싶습니다. 우르시누스는 하이델베르크 요리문답서를 작성하는 데 중요한 역할을 한 분이지요. 이 분은 신구약의 차이점을 네 가지로 정리했습니다. 첫째, 옛 언약에서는 오실 그리스도를 믿었다는 것이고, 새 언약에서는 오신 그리스도를 믿는다는 것입니다. 그리스도께서 오시기 전이나 후이냐는 것이지요. 둘째, 옛 언약에서 이스라엘이 그리스도가 오실 때까지 보호된다면, 새 언약에서는 모든 나라에서 교회가 보호된다는 약속이 있습니다. 즉, 새 언약에서는 모든 나라와 민족에게 확장되었다는 것입니다. 셋째, 옛 언약에서는 레위의 의식들이 있고 새 언약에서는 세례와 성만찬이 있다는 것입니다. 이것은 언약을 실행하는 방식에서 차이가 있다는 것을 말해줍니다. 넷째, 옛 언약은 더 희미하고, 새 언약은 더 분명하다는 것입니다. 구약보다 신약이 더 밝고 분명하다는 것입니다.

이런 차이점만이 아니라 신구약의 통일성도 말해야만 했습니다. 한 쪽에서 신구약의 차이점을 무시한 자들이 있었다면 다른 쪽에선 신약과 구약을 분리하려는 자들이 있었기 때문입니다. 그들의 모습은 구약을 무시하고 버리려는 모습으로 나타나곤 했습니다. 영지주의자들이 있었습니다. 그들은 구약의 하나님을 참된 하나님이 아니라, 열등한 신, 복수의 신으로 말하곤 했습니다. 신약에서 그리스도 안에서 다른 신, 곧 은혜와 사랑의 신이 나타났다고 주장했습니다. 이에 반대해서 교회는 구약과 신약이 분리되지 않는다고 말해왔습니다.

신구약의 통일성이 중요하게 등장한 것은 종교개혁 시대의 급진적인 불건전한 신비주의 때문입니다. 그들은 구약보다 신약을 우월하게 생각했고, 나중에는 성경보다 지금 성령이 내적으로 말하는 것이 우월하다고 생각했습니다. 성령이 지금 말씀하신다면 성경은 필요 없는 것이 되어야 했습니다. 하물며 구약은 아무 관련 없는 것이 됩니다. 이처럼 신구약의 통일성을 파괴하는 자들은 구약을 버리거나, 구약에서 복음을 제거하는 방향으로 나아갔습니다.

교회는 구약을 신약에서 분리시킨 적이 없습니다. 주 예수의 은혜로 구원을 받는 일에서 유대인과 이방인이 한가지임을 알고 있었습니다(행 15:11). 신약의 복이 아브라함의 복과 분리된 것이 아니라, 동일한 복이 그리스도 안에서 이방인에게까지 미친 것입니다(갈 3:14). 이것은 예수 그리스도를 믿음으로 모든 믿는 자에게 미치는 하나님의 의인데, 율법과 선지자들에게 증거를 받은 것입니다(롬 3:21-22). 할례자도 믿음으로 무할례자도 믿음으로 의롭다 하시는 분은 한 하나님입니다(롬 3:30). 아브라함에게 하신 언약은 믿음의 의로 말미암은 것이며, 아브라함은 할례자나 무할례자나 구별 없이 믿는 모든 이의 조상입니다(롬 4:12-13). 그러므로 하나의 믿음, 하나의 중보자, 하나의 구원의 길, 하나의 은혜언약만을 말할 수 있습니다.

언약의 통일성이란 옛 언약과 새 언약이 동일한 하나의 은혜언약이라는 것입니다. 구체적으로 말하면 구약시대의 조상들도 다른 중보자나 다른 방식으로 구원 얻은 것이 아니라는 것입니다. 구약에서도 동일한 중보자를 믿는 믿음을 통해 의와 영생을 얻습니다. 만일 누군가 구약에서는 신약보다 공로가 더 필요했다고 말한다면, 구약 아래서 구원 얻은 자들에게서 중보자와 하나님의 은혜를 뺏는 일이 됩니다. 그러므로 신약에서나 구약에서나 하나님의 은혜에 의해서 그리스도를 믿음으로 말미암아 구원을 얻는 것입니다. 신구약의 모든 신자들이 한 성령으로 한 몸을 이루고 한 머리이신 예수 그리스도 아래서 지체가 됩니다.

신구약의 통일성을 깨트린 재세례파는 유아세례를 거절했습니다. 츠빙글리는 신구약의 통일성을 포기한 재세례파를 향해서 이렇게 말했습니다. "이스라엘 백성과 맺었던 바로 그 언약을 새로운 시대에 우리와 맺어서 우리는 그들과 한 백성, 한 교회, 한 언약을 갖게 되었다. 구약의 성도들은 우리와 함께 하나의 동일한 구원자를 가지며, 우리는 그들과 함께 그들은 우리와 함께 하나의 백성이며 하나의 교회이다." 아브라함의 후손처럼 그리스도인들의 자녀도 언약 안에 있기 때문에 언약의 표(세례)를 그들에게서 빼앗을 수 없다고 주장했던 것입니다. 언약의 통일성과 유아세례는 함께 갑니다.

구약의 성도들이 죄 용서의 은혜를 받은 것을 부정하지는 않지만, 신약의 성도들보다 열등한 용서를 받았다고 말하는 자도 있었습니다. 이것도 언약의 통일성에 상처를 내는 시도입니다. 이런 주장을 하게 된 이유는 약속과 성취라는 시간의 흐름 속에서 언약의 통일성을 놓쳐버렸기 때문입니다. 시간의 흐름 속에서 볼 때(또는 계시의 역사성 아래서 볼 때), 구약에 나타난 언약의 약속들은 하나님께서 하셔야 할 일들이고 성취하셔야 할 일들이기 때문에 그런 주장을 하게 된 것입니다. 그들은 이런 질문을 던집니다. 구약의 백성들은 예수 그리스도께서 아직 오시지도 않았는데, 어떻게 우리와 똑같은 중보자의 은혜를 가질 수 있을까? 예수님께서 아직 십자가에서 죽지 않으셨는데 구약의 백성들이 우리와 똑같이 완전한 속죄의 은혜 아래 있다고 말할 수 있을까? 그리고 여기에 대해 구약의 성도들은 신약의 성도들처럼 완전한 속죄가 아니라 그리스도의 십자가까지 기다리는 속죄에 참여했다고 성급하게 답하는 것입니다.

하나님이 우리에게 주신 계시는 시간 속에서 약속이 먼저 있고 성취가 나중에 있다는 것을 부인할 수 없습니다. 하나님은 시간의 흐름 속에서 약속과 성취를 통해서 친히 언약을 이루시기 때문입니다. 여자의 후손이 뱀의 머리를 상하게 하실 것이라고 약속하셨고 때가 차매 예수 그리스도는 성취하셨습니다. 이 시간의 흐름이란 우리 인간들에게 관련되어 있다는 것을 간과해선 안 됩니다. 구약의 백성은 메시아가 올 것이라는 믿음을, 신약의 백성은 오셨다는 믿음을 갖습니다.

그러나 미래를 믿었기 때문에 속죄가 불완전하고 과거를 믿었다고 더 완전하다고 말할 수 없습니다. 미래와 과거는 우리에게 놓여있는 한계이지만, 하나님은 시간 속에 제한되지 않고 초월하시기 때문입니다. 하나님은 전능하시며 신실하시며 영원하십니다. 하나님의 약속은 곧 성취입니다. 오실 그리스도에 대한 믿음이나 오신 그리스도에 대한 믿음이나 완전한 속죄를 가져옵니다. 시간의 흐름 속에서, 즉 구약보다 신약에서 하나님의 계시는 더 풍성해지며 더 밝아졌습니다. 그러나 하나님은 한 하나님이십니다. 그리스도가 신약 시대에 십자가의 구속사역을 성취하셨지만, 하나님은 거기에 근거해서 이미 구약에서 완전한 속죄를 충분히 베푸실 수 있었습니다. 구약의 신자들은 우리와 다른 방식이 아니라 우리와 같은 방식으로 구원을 받았습니다. 우리의 중보자는 어제나 오늘이나 영원토록 동일하십니다(히 13:8).

이제 마무리할 때입니다. 마치기 전에 웨스트민스터 신앙고백서를 소개하고 싶습니다. 웨스트민스터 신앙고백서는 7장에서 언약을 아주 잘 정리합니다. 잘 살펴보시면 도움이 될 것입니다. 여기에선 5항과 6항을 소개해 드립니다.

> **5항** 이 언약은 율법시대와 복음시대에 다르게 실행되었다. 율법 아래서 언약은 약속들, 예언들, 제사들, 할례, 유월절 양, 그리고 유대 백성들에게 전해진 다른 모형들과 규례들에 의하여 실행되었다. 이 모든 것이 오실 그리스도를 예표하였다. 이것들은 그 당시에 성령의 역사로 말미암아 약속된 메시아를 믿는 믿음 안에서 택자들을 교훈하며 세우는 데 충분하고 효과적이었다. 그 메시아로 말미암아 그들은 완전한 죄사함

과 영원한 구원을 얻었다. 이것을 구약이라고 부른다.

6항 복음 아래에서, 그 실체이신 그리스도께서 나타나시자 이 언약이 집행되는 규례들로는 말씀 선포 그리고 세례와 주의 만찬인 성례의 실행이다. 이것들은 수적으로 더 적고 더 간단하고 외적인 화려함 없이 실행된다. 그러나 그것들 안에서 언약은 더 충만하고 확실하고 영적 효과를 가지고 모든 민족들, 곧 유대인들과 이방인들에게 제시된다. 이것을 신약이라고 부른다. 그러므로 본질에 있어서 다른 두 은혜 언약이 있는 것이 아니라 여러 세대에 하나이며 동일한 언약이 있는 것이다.

웨스트민스터 신앙고백서는 동일한 언약임을 밝히고 다만 실행의 방식에서 다르다고 말합니다. 본질에 있어서 다른 두 은혜 언약이 있는 것이 아니라 여러 세대에 하나이며 동일한 언약이 있습니다.

5
oeconomia foederis   언약의 경영

장마라고 하는데 올 여름은 큰 장마는 아직 오지 않은 것 같습니다. 비가 한나절 내렸다가도 다음날이면 해가 쨍쨍 비치고 있습니다. 비가 온다고 해서 태양이 존재하지 않는다고 말할 수 없는 것처럼, 신약보다 흐릿하다고 해서 구약이 은혜언약이 아니라고 할 수 없습니다. 동일한 은혜언약이지만 이 언약이 항상 동일한 방식으로 계시된 것은 아닙니다. 동일한 언약이지만 시행하는 방식이 달랐습니다.

성경에 등장하는 언약 중에서 가장 논쟁이 되는

것은 시내산 언약이 어떻게 은혜언약이라고 말할 수 있는지입니다. 또 시내산 언약이 은혜언약이라면 행위언약과는 아무 상관없는지에 대한 의문일 것입니다. 그래서 오늘은 은혜언약의 시행에 대해서 말씀드리려고 합니다.

우리는 하나님의 언약의 경영을 구약과 신약 둘로 구분합니다. 다른 주장도 있습니다. 그 중에서 세대주의라고 불리는 것이 있습니다. 세대주의를 대중화시킨 사람은 미국의 스코필드입니다. 스코필드는 일곱 세대로 나누었습니다. 여기서 각 세대는 하나님의 특정한 명령에 순종하는가에 대한 여부를 시험하는 시대가 됩니다. 그래서 모든 세대가 각기 다른 것을 조건으로 하는 행위언약의 시대입니다. 그들이 말하는 은혜시대란 것도 믿음이 하나의 시험이며, 그래서 또 다른 행위언약이 되고 맙니다.

우리는 은혜언약의 두 가지 경영*oeconomia, economy*을 생각합니다. 구약과 신약입니다. 그리스도가 오실 때까지 시행된 것을 구약이라고 한다면, 그리스도가 오신 후 시행된 것을 신약이라고 합니다. 이렇게 두 구분으로 나눠야 합니다. 모세에게 율법이 주어지기 전 시대가 조금 다르게 보여서 세 부분으로 나누자는 주장도 있습니다. 이 주장은 맞지 않는 것 같습니다. 율법이 약속을 폐하지 못하기 때문입니다(갈 3:17). 그리스도가 오기 전 시행된 언약은 모두 오실 그리스도를 예표하기 때문입니다.

이제 은혜언약의 옛 경영(구약)을 살펴봅시다. 구약에서 여러 가지 언약이 등장하고 있지만 이 중에서 몇 가지 중요한 것만 살펴보도록 하겠습니다. 은혜의 약속은 바로 첫 범죄 이후 바로 등장합니다. 은혜는 타락 후 형벌의 선언 속에 있었습니다. 하나님께서 뱀과 여자의 후손 사이에 두시겠다는 적개심이 바로 은혜입니다. 하나님께서 뱀에게 이렇게 말씀하십니다. *"내가 너로 여자와 원수가 되게 하고 네 후손도 여자의 후손과 원수가 되게 하리니 여자의 후손은 네 머리를 상하게 할 것이요 너는 그의 발꿈치를 상하게 할 것이니라"*(창 3:15) 인간은 사탄과 하나가 되어 하나님을 배반했는데, 이 관계를 깨고 하나님께로 다시 향하게 하시겠다는 선언입니다. 하나님은 인간과 사탄의 우호관계를 깨뜨리시고 마지막에 여자의 후손이 승리를 거둘 것을 선언하셨습니다. 이 말씀은 형식적으로는 언약이기보다 선언입니다. 이 선언 안에 은혜언약의 약속이 담겨 있다고 말할 수 있습니다.

이제 노아언약으로 가봅시다. 세상에 죄가 들어오고 얼마 후 세상은 죄악으로 가득 찬 모습을 보여줍니다. 하나님이 없는 세상은 스스로 멸망을 향해 가는 세상이었습니다. 하나님은 인류를 홍수로 심판하십니다. 그리고 홍수 후에 언약을 맺습니다. 이 언약의 대상은 "너희와 너희 후손과 너희와 함께 한 모든 생물"입니다(창 9:9, 10, 12, 15, 16). 모든 생물을 홍수로 멸하지 않겠다고 약속하십니다. 그래서 심음과 거둠, 추위와 더위, 여름과 겨울, 낮과 밤이 계속될 것이라고 약속하셨습니다(창 8:22). 이 모든 언약의 증거로 무지개가 있습니다. 이 노아언약을 은혜언약과 완전히 동일한 것으로 볼 수 있을지 의문이 있습니다. 왜냐하면 언약의 대상에 다른 생물들이 포함되기 때문입니다. 그렇다고 해서 이 언약을 은혜언약과 분리하는 것은 잘못된 생각입니다. 우리는 창세기 3장 15절 은혜언약의 약속이 계속되는 출산(창 3:16)과 추수(창 3:17-18)와 함께 있다는 것을 기억해야 합니다. 은혜언약의 성취는 자연의 지속과 함께 하는 것입니다. 노아언약은 은혜언약을 섬기는 언약입니다. 인류가 타락하고 죄가 세상에 관영할지라도 여자의 후손에 대한 하나님의 약속은 포기되지 않으리라는 약속입니다. 그래서 무지개는 인류의 타락이 은혜언약의 성취를 멈추게 할 수 없다는 상징이 됩니다.

노아의 후손들로부터 인류가 퍼집니다. 홍수 심판 후에도 인류는 그 악을 드러냈고 바벨탑을 통해 하나님을 향한 교만함을 보여주었습니다. 여러 곳에서 거짓 종교의 모습들과 우상들이 나타났습니다. 아브라함의 아버지 데라도 다른 신들을 섬겼습니다(수 24:2). 이 모든 상황에서 참종교가 보호받는 것은 인간이 아니라 하나님 때문입니다. 하나님은 먼저 아브라함을 택하십니다. 하나님께서 먼저 아브라함을 택하셨고, 아무 대가 없이 친히 방패와 상급이 되어 주셨습니다(창 15:1). 그리고 아브라함에게 할례 제도를 주시면서 엄청난 약속을 하셨습니다. "너와 네 후손의 하나님이 되리라"(창 17:7-8).

창세기 15장과 17장에서 나타난 아브라함 언약은

언약을 이해하는 데서 중요한 내용을 우리에게 알려 줍니다. 창세기 15장에서 동물들을 쪼개고 그 사이를 지나는 것은 언약의 엄중함을 보여줍니다. 그 사이를 아브라함은 지나지 않고 하나님의 횃불만이 지나는 것은 언약에 대한 하나님의 신실하심을 보여줍니다.

그런데 아브라함의 언약에서 중요한 것은 15장이 먼저 있고 17장이 나중에 있다는 사실입니다. 중요한 이유는 로마서 4장 때문입니다. 창세기 15장에서 아브라함이 믿으니 그것을 그의 의로 여기셨고, 14년 후에 할례 제정과 함께 언약을 맺게 된 사실을(창 17장) 사도 바울은 칭의가 율법의 공로 때문이 아니라 믿음에 의한 것이라는 증거로 사용합니다. 할례의 표를 받은 것(창 17장)은 무할례시에 믿음으로 된 의(창 15장)를 인친 것입니다(롬 4:11). 그래서 물러설 수 없는 내용은 만일 율법에 속한 자들이 상속자이면 믿음은 헛것이 되고 약속은 파기되었을 것이란 사실입니다(롬 4:14). 아브라함은 유대인과 이방인을 다 포함한 믿음으로 은혜언약에 들어가는 모든 하나님의 자녀들의 조상이 되었습니다. 그래서 은혜언약의 은택은 율법의 공로가 아니라 오직 하나님의 은혜로 얻어진 것이고, 그 은혜의 산물인 믿음을 통해서라는 사실을 아브라함 언약이 충분히 보여줍니다.

그러면 아브라함과 맺은 언약이 율법을 행함과 관계없는 언약이었을까요? 그렇지 않습니다. 하나님은 아브라함에게 "내 앞에서 행하여 완전하라"(창 17:1)고 하십니다. 또한 "여호와의 도를 지켜 의와 공도를 행하게 하려고 그를 택하였나니"(창 18:19)라고 하십니다. 그러나 아브라함이 하나님 앞에서 완전했기 때문에 언약에 들어갔거나 여호와의 도를 지켜 의와 공도를 행했기 때문에 언약에 들어간 것이 아닙니다. 하나님께서 먼저 택하사 언약을 맺으셨습니다. 그러나 언약 안에 들어온 그에게 하나님 앞에서 완전하기를 요구하시고 그를 향하신 목적이 의와 공도를 행하는 일임을 알려주셨습니다. 아브라함의 삶은 사실 많은 실패를 보여줍니다. 아내를 누이라 거짓말을 했음에도(창 12:10절 이하) 언약을 맺으셨고, 언약 후에도 아내를 누이라고 거짓말해서(창 20장) 하나님의 계획을 망가뜨리려고 했습니다. 그 모든 실패와 부족함에도 아브라함을 인도하사 약속을 이루신 분은 하나님이셨습니다. 이렇게 해서 아브라함에게서 은혜언약의 중요한 부분들이 이미 드러납니다. 정리하면, 하나님이 먼저 찾아오심으로 시작합니다. 아브라함은 아무 공로 없이 믿음으로 의를 얻습니다. 언약 안에서 의와 공도라는 목적을 향합니다. 그의 부족함에도 성취하시는 분은 하나님이십니다.

이제 우리가 다룰 시내산 언약도 기본적으로 아브라함 언약과 다르지 않습니다. 시내산 언약에서 중요한 것은 율법입니다. 그러나 나중에 온 율법 때문에 약속이 폐하지 않습니다(갈 3:17). 하나님께서 아브라함에게 먼저 찾아오시고 아무 공로 없이 그의 방패와 상급이 되어주셨듯이, 이스라엘 백성을 찾아오시고 아무 공로 없이 구원하셨습니다. "나는 너를 애굽 땅 종 되었던 집에서 인도하여 낸 네 하나님 여호와니라"(출 20:2). 여기서 "나는 ... 네 하나님 여호와니라"가 바로 은혜언약의 실체 또는 본질입니다. 아브라함에게 주셨던 "너와 네 후손의 하나님이 되리라"고 하신 큰 약속이 바로 그것입니다. 아브라함에게나 이스라엘 백성에게나 이 언약의 실체가 율법으로 된 것이 아니라 하나님의 은혜로 된 것입니다. 유업은 율법에서 난 것이 아니라 약속 때문입니다(갈 3:18). 만일 율법 때문이라면 하나님은 그 전의 약속을 폐하셨을 것입니다. 하지만 하나님의 약속은 계속 남아 있습니다. 하나님은 모세에게 아브라함의 하나님, 이삭의 하나님, 야곱의 하나님으로 나타나셨습니다. 곧 언약의 하나님으로 나타나신 것입니다. 그래서 성경은 아브라함 언약과 시내산 언약을 분리하지 않고 함께 생각합니다.

> "그는 그의 언약 곧 천 대에 걸쳐 명령하신 말씀은 영원히 기억하셨으니 이것은 아브라함과 맺은 언약이고 이삭에게 하신 맹세이며 야곱에게 세우신 율례 곧 이스라엘에게 하신 영원한 언약이라"(시 105:8-10)

그러면 모세의 율법은 왜 주어졌을까요? 그것은 아브라함에게 말씀하신 "내 앞에서 행하여 완전하라"(창 17:1)의 확장입니다. 여호와의 도를 지켜 의와 공도를 행하게 하려고 아브라함을 택하신 것처럼(창 18:19), 이스라엘도 언약백성으로서 하나님께 순종할 것을 요구받습니다. 율법이 주어졌다는 이유로 시내산 언약에서 행위언약을 새롭게 세우셨다고 보는 것은 오해입니다. 아브라함에게 완전하게 행할 것을 요구하고 할례를 요구한 것은 행위언약이 아니기 때문입니다. 마찬가지로 하나님께서 율법을 주시고 순종을 요구하신 일은 행위언약의 갱신이 아닙니다.

율법은 하나님의 택하심과 부르심의 목적과 함께 생각해야 합니다. 아브라함을 택하신 목적이 여호와의 도를 지켜 의와 공도를 행하게 하는 것이었습니다. 마찬가지로 이스라엘이 아무 목적 없이 종 되었던 애굽 땅에서 나온 것이 아니지요. 하나님께서 독수리 날개로 업어 인도하신 목적은 그들이 제사장 나라요 거룩한 백성이 되는 것이었습니다(출 19:6). 이 목적을 위해 율법은 필수적입니다. 부르심의 목적과 뜻을 성취하는 수단으로써 율법이 주어진 것입니다.

시내산 언약을 행위언약의 갱신으로 보는 이유는 율법이 순종에 따른 복과 불순종에 따른 저주를 포함하고 있기 때문일 것입니다. 여기서 행위언약에 대해 생각해 봅시다. 행위언약에 대한 아담의 실패 이후에도, 행위언약에 나타난 율법의 순종요구는 폐기되지 않았습니다. 그래서 시내산 언약에서는 율법과 함께 율법의 순종에 생사가 걸려 있다는 것도 함께 알려져야 했습니다. 율법은 범법을 알려주기 때문입니다(갈 3:16). 율법이 없어도 죄는 죄이고 사망을 가져옵니다(롬 5:12). 그러나 율법이 알려지자 그 범법으로 인해 죄가 죄로 여겨집니다(롬 5:13). 그렇게 율법은 우리를 하나님의 진노 아래 가두고 우리의 비참함을 알려줍니다(롬 3:19-20).

율법은 비참함을 깨닫게 해서 구원의 필요를 알려줍니다. 출애굽기는 십계명의 선포가 아니라 가장 많은 분량(25장-40장)인 성막으로 끝이 납니다. 성막은 하나님이 임재하는 곳이고 하나님을 만나는 곳입니다. 인간의 최고의 복인 하나님과 사귐이 있는 곳입니다. 비참한 자가 어떻게 하나님을 만날 수 있겠습니까? 성막과 제사가 필요합니다. 레위기는 시내산 언약의 일부입니다(레 7:38). 우리처럼 그들도 복음 전함을 받은 것이고 믿음으로 안식에 들어가야 했던 것입니다(히 4:2). 모세의 율법은 하나님의 은혜와 부딪히는 것이 아닙니다. 율법은 은혜언약을 위해 봉사합니다.

은혜언약과 분리된 율법은 그 정죄의 직분을 행사

해서 하나님의 진노 아래로 우리를 데려갑니다. 율법의 정죄 직분과 아브라함 언약의 대조(롬 4:13; 갈 3:10; 갈 4:21 이하)를 시내산 언약과 아브라함 언약의 대조로 오해하는 것을 자주 봅니다. 그러나 시내산 언약 전체는 위에서 말씀드린 것처럼 아브라함 언약과 함께 합니다.

이제 구약시대를 마무리하고 신약시대를 말해야 합니다. 그런데 신약시대에 대해선 그렇게 길게 말씀드릴 필요는 없는 것 같습니다. 신약은 구약을 버린 것이 아니라 구약의 성취이기 때문입니다. 그림자가 실체로 나타났습니다. 뱀의 머리를 부술 여자의 후손(창 3:15), 사람의 아들로 오나 전능한 하나님이요 영존하시는 아버지(사 9:6)라 할 예수 그리스도가 오셨습니다. 그는 참된 선지자, 제사장, 왕이시며 세상 죄를 지고 가는 어린양으로서 참된 제물이 되셨습니다. 많은 사람의 죄를 담당하시려고 단번에 드리신 바 되셨습니다(히 9:28).

나아가 참된 하나님의 백성 곧 참 이스라엘, 아브라함의 자손이란 아브라함의 믿음에 속한 모든 자라는 사실이 드러났습니다(롬 4:16). 아브라함을 부르신 목적이 의와 공도를 위함이었고 이스라엘도 제사장 나라와 거룩한 백성이 되어야 했듯이, 이들은 왕 같은 제사장들이요 거룩한 나라로서 아름다운 덕을 선포해야 합니다(벧전 2:9). 율법과 상관없는 자들이 아니라 그리스도의 법을 지키라는 명령을 받습니다(갈 6:2). 율법을 이룸과 율법의 완성이란 목표를 그들은 떠나지 않습니다(롬 13: 9-10). 그러나 이 일을 이루시는 분은 우리 안에서 착한 일을 시작하신 분입니다(빌 1:6). 하나님의 영이 거하시고 하나님의 영으로 인도함을 받아 가능하게 된다는 것(롬 8:14)이 더 분명해졌습니다. 그러므로 은혜언약은 우리 때문이 아니라 하나님 때문에 견고하며 영원합니다.

6
언약의 이중은택

duplex beneficium

언약의 이중은택을 다뤄야 할지 말지 고민이 있었습니다. 왜냐하면 구원론을 배우면서 언약의 이중은택인 칭의와 성화에 대해서 배울 것이기 때문입니다. 그러나 구원의 교리가 흐려지는 흐름들 때문에 이것을 다루어야 한다고 생각하게 되었습니다. '바울에 관한 새관점' 또는 '페더럴 비전Federal vision'이라는 한 흐름 때문입니다. 이런 흐름은 칭의와 성화를 혼합하여서 성화 안에 있는 칭의를 말합니다. 또 다른 흐름은 '구원파'와 같은 부류인데 이들은 칭의와 성화를 분리하여 칭의만 남기고 성화는 버리거나 성화에 대한 이해가 심히 부족한 부류입니다.

언약의 이중은택*duplex beneficium* 또는 이중은혜*duplex gratia*는 은혜언약에 들어온 자들이 누리는 은택 또는 은혜를 말합니다. 칼빈은 이중은혜란 말을 더 많이 사용했고, 다른 신학자들은 이중은택이란 말을 사용합니다. 언약의 이중은택은 칭의와 성화입니다. 칼빈은 기독교강요에서 이중은혜를 이렇게 말합니다.

"요약하면 이렇다. 하나님의 친절하심으로 우리에게 그리스도가 주어졌고, 우리는 그를 믿음으로 영접하여 소유하는 것이다. 그에게 속함으로 우리는 특별히 이중의 은혜를 받는다. 첫째, 그리스도의 무죄로 하나님과 화목한 자가 되는 것이다. 그래서 우리에겐 심판자가 아니라 하늘에 계신 좋으신 아버지가 있다. 둘째, 그리스도의 영으로 거룩하게 되어 흠 없고 순결한 생활을 추구한다."(기독교강요, 3권 11장 1절)

여기서 칼빈이 말하는 하나님과 화목한 자가 되는 것이 칭의입니다. 전가된 그리스도의 의에 근거해서 하나님이 우리를 의인으로 받아주셨기 때문에 화목되었습니다. 흠 없고 순결한 생활을 추구하는 것이 성화입니다. 이 칭의와 성화는 사람의 공로 때문에 주어지는 것이 아니라 그리스도를 믿는 자에게 주어지는 선물입니다. 그래서 은혜나 은택이라고 부른 것입니다.

흥미로운 점은 칼빈이 칭의가 아니라 성화에 대해서 먼저 길게 설명한다는 사실입니다. 칭의는 성화 뒤에 설명이 됩니다. 왜 이렇게 했을까요? 그것은 신자의 선행의 정확한 자리매김이 필요했기 때문입니다. 믿음이 선행과 상관없는 믿음이 아니라, 믿는 자에겐 당연히 선행이 따라오기 때문입니다. 그리스도에게 접붙여진 자로서 그 모습이 드러납니다. 하늘을 바라보며 자기를 부인하며 감사하며 살아가는 모습이 드러납니다.

성화를 먼저 설명한 것은 칭의 교리가 선행을 무시해서 방종하게 한다는 오해가 있었기 때문입니다. 오직 믿음으로 의를 얻고 아무 공로가 필요 없다는 말을 방종한 생활을 해도 된다는 말로 오해한 사람이 있기 때문입니다. 이런 비판은 특히 로마 가톨릭에서 왔습니다. 믿음으로 얻는 의는 선행을 우습게 생각하게 한다는 비판입니다.

이런 비판은 종교개혁 시대 이후로 종종 있어 왔습니다. 최근에 우리에게 잘 알려진 '바울에 관한 새관점'이라는 것도 '이신칭의'에 대한 한계나 약점 때문에 힘을 얻는다는 말이 있습니다. 특히 우리가 살아가는 한국이란 땅의 교인들이 보여주는 불의하고 몰상식한 모습들이 이신칭의 교리 때문이라는 말도 나왔습니다. 그래서 '바울에 관한 새관점'에 대해서 여러 사람들이 관심을 갖게 되었습니다. 한국 개신교인들의 모습이 불의하니까 '바울에 관한 새관점'으로 이신칭의의 약점을 극복해야 한다는 분들도 계셨습니다.

새관점이란 종교개혁자들이 읽은 바울을 옛관점이라고 보고, 자신들의 관점을 새관점이라고 하는 것입니다. 그런데 '새롭다!'라고 느낄 수 없습니다. 종교개혁자들이 비판했던 바로 그 내용에 가까운 것을 주장하고 있기 때문입니다. 새관점의 주장은 로마 가톨릭에 가깝습니다. 트렌트공의회1545-1563에서 칭의에 대해서, 죄 용서만이 아니라 은혜와 선물들의 자발적 수용을 통한 인간 내면의 성화와 갱신이라고 했습니다. 성화를 통한 칭의란 측면에서 로마 가톨릭과 바울의 새관점은 유사합니다.

페더럴 비전에서 말하는 것도 비슷한데, 믿음으로 의롭게 된다고 말하면서도 믿음에 우리의 순종의 행위가 포함된 믿음을 말합니다. 노골적으로 믿음의 행위로 의롭게 된다고 말하는 사람들도 있습니다. 이런 것들이 다 로마 가톨릭과 유사한 표현들입니다. 로마 가톨릭에서 믿음만으로는 안 되고 우리의 헌신이나 사랑이나 선행이 함께 할 때에 의롭게 된다고 말하기 때문입니다. 아담의 타락 전이나 타락 후나 구원 얻는 방식이 같은데, 똑같이 순종이란 행위의 믿음을 통해서라고 합니다. 타락 전이나 타락 후나 오직 한 언약만이 있다고 보는 것이지요. 그들은 타락 전이나 타락 후나 동일한 은혜언약이다고 말하고 싶었는지 모르지만, 결국은 하나님께서 우리에게 주신 은혜언약을 포기해버리고 행위언약으로 다시 돌아갔습니다.

그러나 선행을 통한 칭의는 불가능합니다. 중생한 사람의 어떤 선한 행위로도 칭의를 얻지 못합니다. 왜냐하면 아무리 훌륭한 신자의 선한 행위라 할지라도 거기에는 흠이 있어서, 그 행위 자체가 하나님께 받아들여질 수 없기 때문입니다. 칭의는 우리 안에 있는 의로 얻는 것이 아니라 우리 밖의 의 곧 그리스도의 의로 얻는 것입니다. 하나님께서 인정하시는 의는 우리의 선행이 아니라 그리스도의 의입니다. 일을 아니하였을지라도 경건치 아니한 자를 의롭다 하시는 그 분을 믿는 자에게는 그 믿음을 의로 여기십니다(롬 4:5). 행위언약에 의한 의는 율법에 대한 완전한 순종이라는 공로에서 옵니다. 공로가 있느냐 없느냐가 아니라, 누구의 공로며 그 공로가 어떻게 우리의 것이 되는지가 더 정확한 질문입니다. 그리스도의 공로이며 믿음으로 얻습니다. 칭의란 우리 자신의 상태가 의롭게 된다는 말이 아니라 그리스도의 의로 옷 입는 것입니다. 이것을 전가라고 합니다. 우리의 존재나 상태가 의롭게 변하여 우리 자신의 의로 의롭다고 받아들여지는 것이 아니라, 그리스도 안에서 의로운 것입니다. 그래서 의롭다고 여겨지는 것(롬 4:3, 11)이고, 일한 것이 없이 하나님께 의로 여기심을 받는 것이라고 더 구체적으로 말합니다(롬 4:6). 그래서 칭의는 무죄선언인 법정적인 의미를 갖습니다(롬 5:18).

칭의교리는 생각하면 생각할수록 감격스런 교리입니다. 그런데 칭의만 남겨놓고 성화를 빼버리거나 약화시키는 경우도 주의해야 합니다. '구원파'의 경우가 그런 경우이지요. 그들 가운데 신자들이 죄를 회개하는 것에 대해서 혼란에 빠져 있는 이들도 있습니다. 이미 용서함을 받은 신자들이 "우리 죄를 용서하소서"라고 기도하는 것을 이해하지 못합니다. 그들에게는 용서의 확신이 곧 구원의 확신이고 구원의 확신 없이 천국에 갈 수 없는데, 죄를 용서해달라고 기도하는 것은 용서의 확신이 없는 모습이기 때문입니다. 그들은 성화를 이해하지 못하거나 칭의와 성화를 구분하지 못하고 있는 것입니다.

칭의 교리는 은혜를 더하려고 죄에 거하자는 말이 아닙니다. 그것은 불가능합니다(롬 6:1). 하나님은 법을 그들의 마음속에 기록한다고 하십니다(렘 31:33). 그 아들의 형상을 본받는 것이 목적입니다(롬 8:29). 그의 피로 인한 속량 곧 죄사함(엡 1:7)을 받았을 뿐 아니라, 예수 안에서 선한 일을 위한 하나님의 작품이니 선한 일 가운데서 살아가야 합니다(엡 2:10). 이 모든 일은 하나님이 성령을 보내셔서 하는 일로서 우리는 우리의 성화에 대하여 어떤 자랑도 할 수 없고, 오히려 하나님께 감사와 찬송을 드려야 합니다(살전 5:23; 빌 1:6;

빌 2:13, 13; 엡 2:10; 엡 3:16).

칭의와 성화에 대한 교리는 죄에 대한 교리를 생각하면 더 분명하게 이해가 될 것입니다. 죄의 본질은 율법을 범하는 것 곧 범법입니다. 율법을 범했을 때 형벌을 받아야 합니다. 이렇게 죄는 죄책을 포함합니다. 그래서 온 세상은 하나님의 심판 아래 있습니다(롬 3:19). 또 죄에 관해 생각할 때 죄책과 함께 오염도 있음을 생각해야 합니다. 아담의 타락 이후에 인류는 부패를 갖고 태어납니다. 사람은 어려서부터 악하고(창 9:21), 만물보다 거짓되고 심히 부패한 것은 마음입니다(렘 17:9). 그리고 이런 부패성은 죄를 생산하기 때문에 부패성 자체가 죄며, 죄책을 가져옵니다. 죄는 죄책과 오염을 포함합니다. 인간은 하나님과 이웃을 미워하는 상태에 있으며(오염) 하나님 앞에서 심판받아 마땅한 자입니다(죄책). 인간의 구원은 죄책과 오염으로부터 받는 구원이어야 합니다. 칭의는 죄책으로부터 받는 구원이며, 성화는 오염으로부터 받는 구원입니다.

칭의와 성화라는 은택이 분명히 구별되어야 하지만 이것을 분리해선 안 됩니다. 칭의와 성화를 구별한 것은 분리된 두 가지 은택을 말하기 위함이 아닙니다. 칭의와 성화는 구별되나 결합된 은택입니다. 칭의를 받은 자는 성화도 받습니다. 성화를 받은 자가 칭의를 받지 않을 수 없습니다.

칭의와 성화를 구분하지 않는 것이나 이 둘을 분리해서 하나를 버리는 것도 잘못입니다. 구분하지 않을 때, 칭의는 성화 안으로 들어가 그리스도 속죄 공로의 완전성은 파괴되고 구원은 인간의 공로에 놓이게 될 것입니다. 그러면 위로가 사라집니다. 칭의에서 성화를 분리했을 때 거룩한 삶이 파괴되고, 은혜는 죄짓는 것에 유익한 것이 될 것입니다. 이 둘은 구분되나 동시에 분리해선 안 되는 것입니다.

죄책과 부패와 연결해서 이 땅 위에 살아가는 언약백성의 신분과 상태를 말할 수 있습니다. 이 땅 위에 있는 언약백성의 신분은 의인이지만 그 상태는 아직 부패와 함께 있습니다. 더 자세히 설명하면 그리스도의 공로 때문에 그를 믿는 우리의 신분이 더 이상 하나님의 원수가 아니라 하나님의 언약백성인 것을 칭의 가운데서 말할 수 있습니다. 동시에 우리의 상태는 아직 부패 가운데 있습니다. 그러나 하나님께서 성령의 역사를 통해 자기 백성을 거룩하게 하시고 영화롭게 하십니다. 언약백성의 삶이 성령을 통해 회복되는 것이 성화입니다. 칭의에서 하나님의 백성인 우리의 신분을, 성화에서 하나님의 백성다워지는 우리의 상태를 말합니다. 우리 안에서 역사하시는 이로 말미암아 우리는 신분과 상태에서 완전한 의인이요 완전히 거룩한 자요 완전히 영화로운 자가 될 것입니다.

7

foedus et ministerium ecclesiae

언약과 교회사역

언약은 정지되어 굳어버린 교리가 아니라, 교회에서 매일 일어나는 생명의 실천입니다. 모든 교리가 그러하듯 언약은 교회실천에서 나타납니다. 오늘은 교회의 실천과 관련해서 말씀을 드리려고 합니다. 우리가 지금까지 다룬 내용들이 교회 사역에서 어떻게 연결되고 나타나는지 살펴보는 일은 흥미롭기도 하고 중요하기도 합니다.

먼저 교회에서 오래전부터 중요하게 생각했던 세

가지 사도신경, 십계명, 주기도문을 생각해보아야 할 것 같습니다. 교회는 이 셋을 가지고 중요한 믿음의 교리와 그리스도인의 생활을 가르쳐왔습니다. 찬송가 앞이나 뒤에 이 내용이 들어가 있는 것은 그런 교회의 전통을 보여줍니다. 교회에서 가르치는 요리문답서나 교육서는 대부분 사도신경, 십계명, 주기도문을 해설합니다. 그리고 이 셋이 모두 언약과 연결됩니다.

먼저 사도신경을 살펴봅시다. 사도신경은 복음의 요약이라고 할 수 있습니다. 사도신경은 가장 먼저 언약을 계획하시고 실행하시는 전능하신 하나님을 말합니다. 하나님께서 언약을 친히 성취하시는 신실하신 우리 아버지이십니다. 사도신경의 두 번째 부분은 그 아들 독생자 우리 주 예수 그리스도께서 어떻게 언약의 중보자로서 그 모든 구속사역을 성취하셨는지를 설명합니다. 세 번째는 우리에게 믿음을 주셔서 구속을 적용하시고 우리를 은혜언약에 들어오게 하시고 머물게 하시는 성령님을 고백합니다. 성령님께서 구속을 적용하셔서 생긴 언약의 공동체를 고백합니다. 마지막으로 은혜언약의 내용인 죄용서, 부활,

영생을 고백합니다. 사도신경은 이렇게 복음의 요약이며, 언약의 내용을 담고 있습니다.

두 번째로 십계명을 살펴봅시다. 십계명은 율법의 요약입니다. 율법은 하나님께서 사람과 맺으신 첫 언약, 즉 행위언약의 요구를 알려줍니다. 아담이 파기했지만 행위언약의 요구는 계속 남아 있습니다. 십계명이 보여주는 율법의 요구는 우리가 하나님으로부터 얼마나 멀리 있는지 깨닫게 합니다. 그래서 십계명을 대할 때마다 우리가 얼마나 큰 죄인인줄 알게 됩니다. 그만큼 신자들은 그리스도 안에 머물기를 더 원하며 그리스도로 위로를 삼는 것입니다. 그리스도 안에 죄 용서가 있고 의가 있기 때문입니다. 율법은 은혜언약 밖에 있는 자들에게 죄의 본성을 깨닫게 해서 예수 그리스도에게 피하게 합니다. 율법은 은혜언약으로 인도합니다. 또 은혜언약 안에 있는 자들에게는 언약 안에 더 견고하게 머물게 합니다.

그런데 율법은 아무 의미가 없다고 생각하는 분들이 있습니다. 예수 그리스도께서 구속을 완전히 성취하셨기 때문에, 율법을 따라 선을 행해야 할 아무 이유가 없다는 것이 그들의 논리입니다. 율법은 죽이는 조문이고 사망과 정죄의 직분(고후 3:6-7)이고, 우리는 더 이상 법 아래에 있지 아니하고 은혜 아래 있기(롬 6:14) 때문에 율법이 우리에게 해당되지 않는다고 주장합니다.

우리가 율법 아래 있지 않다는 것은 정말 옳습니다. 그러나 그 의미는 정죄의 직분인 율법이 내리는 율법의 저주 아래에 있지 않다는 말입니다. 예수 그리스도의 십자가의 공로로 율법의 저주로부터 해방되었기 때문입니다. 우리는 은혜 아래 있습니다. 은혜 아래 있다는 것은 죄를 더하는 것이 아닙니다(롬 6:1-2). 은혜 아래 있다는 것은 성령을 따라 사는 것을 말합니다. 성령은 의에 대하여 살고 죄에 대하여 죽는 삶을 살게 하십니다. 주께선 율법을 폐하러 오신 것이 아니라 완전하게 하려고 오셨고(마 5:17) 우리도 율법을 굳게 세워야 합니다(롬 3:31). 교회가 십계명을 가르치는 목적은 그것을 지켜 공로에 의한 구원을 얻게 함이 아니라, 은혜언약에 들어온 자가 성령의 은혜 아래서 어떤 삶을 살아야 하는지 보여주기 위해서입니다.
정리하면 율법의 요약인 십계명은 우리에게 두 가

지를 보여줍니다. 첫째, 행위언약 안에 있는 율법의 요구입니다. 따라서 우리는 그리스도에게 피하며 더욱 강하게 그리스도를 붙잡게 됩니다. 둘째, 은혜언약 안에 들어온 자가 어떻게 살아야 하는지를 보여줍니다.

이제 주기도문이 어떻게 언약을 보여주는지 살펴봅시다. 예수님께서 우리에게 기도를 가르쳐주셨습니다. 기도는 우리 그리스도인의 삶에 빼놓을 수 없는 부분이지요. 교회의 공예배로부터 개인적인 경건생활에까지 모든 부분에서 기도는 필수입니다. 우리가 기도할 수 있는 것은 은혜언약 안에 받아들여졌기 때문입니다. 언약의 중보자를 통해 하나님이 신실하신 나의 아버지가 되었기 때문에 하나님을 아버지라 부르며 기도합니다. 아버지를 부르며 은혜언약 안에 머무는 데 필요한 도움을 구합니다. 성령님의 은혜를 구합니다.

사실 기도는 은혜언약이 드러나는 감동적인 현장입니다. 기도하는 자는 자기가 언약백성인 것을 가장 잘 압니다. 왜냐하면 기도하는 것 자체가 우리가 언약

백성임을 증거하기 때문이죠. "아버지!"라고 부를 때에, 우리가 양자의 영을 받은 자라는 것이 드러납니다. 성령이 우리가 하나님의 자녀임을 증언하는 것입니다. 우리가 "하늘에 계신 우리 아버지"를 부르는 그 시간은 하나님과 우리 사이의 언약관계(아버지와 자녀)가 증명되는 순간입니다. "하늘에 계신 우리 아버지!" 언약의 현장이 얼마나 감동적입니까? 우리는 더 많이 부르고, 더 많이 주의 은혜를 구해야겠습니다. 기도하는 자가 언약을 누리는 것이지, 언약에 대한 정보가 아무리 많아도 기도하지 않는 자는 언약을 누리지 못하는 불행한 자입니다.

교회에서 중요한 내용인 사도신경, 십계명, 주기도문이 어떻게 언약과 연결이 되는지 말씀을 드렸습니다. 이것만으로도 언약이 교회생활의 실천과 얼마나 깊이 관련이 되는지 어느 정도 드러난 것 같습니다. 이제 교회 사역을 말씀드려야겠습니다. 언약은 교회 사역을 더 풍성하게 설명해줍니다. 교회 사역은 다른 무엇보다 참된 교회의 표지로 말해지는 말씀선포와 성례와 권징과 관련되어 있습니다. 교회는 이 세 가지 일을 위해서 이 땅에 존재합니다. 만일 이 중 하나라도 잃어버리면 교회는 교회가 아니거나 왜곡된 모습일 것입니다.

먼저 말씀선포를 생각해봅시다. 말씀선포는 하나님의 언약에 필수적입니다. 은혜언약 안에 들어가려면 믿음이 필요한데, 듣지 못한 이를 어찌 믿겠습니까? 전파하는 자가 없이 어찌 듣겠습니까?(롬 10:14) 말씀과 함께 성령께서 역사하셔서 믿음을 불러일으키십니다. 그래서 말씀선포는 중요합니다.

물론 개인적으로 성경을 읽고 연구할 수 있습니다. 또 작은 모임을 통해 공부할 수도 있습니다. 거기에도 성령은 역사하십니다. 교회 안에서의 공적인 말씀선포는 그것들보다 훨씬 중요하며 필수적입니다. 왜냐하면 언약의 공동체가 세상 앞에서 공적으로 하나님의 말씀을 선포하는 것이기 때문입니다. 또 우리가 한 말씀 아래 있다는 것을 공적으로 확인하기 때문입니다. 공적 말씀 선포는 이렇게 중요하고 필요하기 때문에, 말씀을 준비하는 자는 허투루 준비할 수 없고, 듣는 자는 공적으로 말씀이 선포되는 자리에 언약의 지체로서 꼭 참여해야 합니다.

말씀선포를 통해서 하나님과 사람 사이의 언약에 대한 중요한 모든 내용이 전해집니다. 어떻게 사람이 하나님의 언약에서 멀어졌습니까? 하나님이 어떤 은혜언약을 친히 준비하셨습니까? 언약의 중보자가 누구시며 어떤 일을 하셨습니까? 우리가 어떻게 은혜언약 안에 들어갑니까? 은혜언약에 포함된 우리는 어떻게 살아야 합니까? 이것이 말씀 선포의 주제입니다. 이 말씀과 함께 성령님은 믿음을 불러일으키시고, 더욱 강하게 하셔서, 언약 안에 계속 머물러 그 은택을 맛보게 하십니다.

이제 성례를 봅시다. 성례는 언약의 표라고 부릅니다. 왜냐하면 성례는 그리스도의 십자가때문에 하나님과 우리 사이에 언약이 맺어졌다는 것을 보여주는 표이기 때문입니다. 성례를 가볍게 생각하는 분들이 있습니다. 예수님의 십자가 옆에 있던 강도는 세례 없이 구원을 받았으니, 믿음이 중요하지 세례는 중요하지 않다고 말하기도 합니다. 십자가 우편 강도의 예는 성례 자체가 능력이 있어서 구원을 가져오는 것은 아니라는 예는 됩니다. 그러나 언약의 표인 성례를 무시하는 것은 하나님과 맺는 언약을 업신여기는 일입니다. 사랑하는 이가 준 반지를 무시하는 사람이 어떻게 사랑한다고 할 수 있겠습니까? 하나님과 언약을 맺는 것이 얼마나 귀한지 아는 이는 언약의 표를 귀하게 생각합니다. 우리는 언약의 표인 세례와 성만찬을 귀하게 생각해야 합니다.

세례는 세례 받는 자가 은혜언약에 받아들여졌다는 표입니다. 이 씻는 예식은 우리의 죄책과 부패를 씻는 예식입니다. 하이델베르크 요리문답서를 보면 그리스도의 피와 성령으로 우리의 죄를 씻는다(69문, 72문)고 말합니다. 그리스도의 피로 씻는 것은 죄사함을 받았다는 것이고, 성령으로 씻는 것은 우리가 거룩하게 되어서 점점 죄에 대하여 죽고, 거룩하고 흠이 없는 삶을 사는 것을 의미합니다. 세례에서 칭의만이 아니라 칭의와 성화 두 은택에 참여했다는 것을 말합니다. 세례는 언약의 표이기 때문에 세례에 참여한 자는 언약의 이중은택을 누립니다. 세례받는 자는 죄사함을 받았고, 성령의 은혜로 거룩한 삶을 살기 시작했다는 인을 받는 것입니다.

유아세례 문제가 있습니다. 유아세례에 반대하는

사람들은 세례를 받으려면 신앙이 증명되어야 하고, 유아들은 신앙고백이 없으므로 세례를 받으면 안 된다고 합니다. 개혁교회에서는 유아들도 하나님의 언약에서 제외될 수 없기 때문에 세례를 줍니다. 하나님은 언약 백성의 자녀들에게도 언약의 표를 주라고 하셨습니다. 옛 언약에서 유아들에게 할례를 행했는데, 새 언약에서는 세례가 할례를 대체했습니다. 세례를 유아들에게서 빼앗을 수 없습니다. 신자의 자녀들은 언약의 자녀와 언약의 지체로 다루어져야 마땅합니다.

하나님께서 우리를 부르셔서 은혜언약으로 들어가는 표가 세례라면, 성만찬은 언약에 들어온 우리가 언약 안에서 보호받고 보존된다는 표입니다. 성령님께서 우리에게 믿음을 주시사 언약 안에 들어가게 하셨고(세례), 언약 안에 들어온 자들을 지키시고 양육하십니다(성만찬). 세례가 언약의 이중은택을 포함하듯이 성만찬도 이중은택 안에 성도가 머물고 있음을 말합니다. 신자가 다 한 세례에 참여하듯이, 성만찬은 언약의 공동체가 하나라는 것을 알려줍니다. 성만찬에서 한 사람 한 사람에게 떡이 떼어지고 잔이 주어지듯이, 예수 그리스도는 언약의 각 지체들을 위해서 몸이 찢기셨으며 피를 흘리셨습니다. 그리고 언약의 구성원들이 한 떡에, 곧 한 몸에 참여하므로 하나가 됩니다(고전 10:16-17).

교회의 표지 중 마지막으로 교회 권징에 대해서 말씀드려야 합니다. 교회 권징은 성만찬과 연결되어 있습니다. 불신을 고백하고 불신의 삶을 사는 자가 성만찬에 참여할 순 없습니다. 하이델베르크 요리문답서는 이 문제를 잘 다루고 있습니다. 하나님의 언약이 더럽혀지기 때문에 그런 자들이 회개할 때까지 참여를 금지시켜야 한다고 합니다(82문). 하나님의 언약이 모욕 받지 않기 위해서, 고백과 생활에서 언약백성의 모습이 아닌 자들을 언약의 표에서 멀리하도록 하는 것입니다. 그래서 다시 회개해서 돌아오게 하는 것입니다. 권징은 내침에 목적이 있는 것이 아니라 세움에 목적이 있습니다. 교회 권징을 생각할 때 벌주는 모습만을 생각하게 되는데, 권징은 성도들의 삶 전체를 돌아보는 과정과 함께 생각해야 합니다. 권징은 교회회원들을 돌아보는 일을 전제합니다. 목자가 양무리를 살펴서 양들이 무리에서 떨어지거나 위험한 곳에 가지 못하도록 보호하는 것과 같습니다.

언약과 교회생활의 실천에 대해서 말씀을 드렸습니다. 어려운 문제가 하나 남아 있습니다. 유아세례를 받고 자라난 후에 교회를 떠나는 자들에 대한 것입니다. 그럴 경우 그 유아에게 주었던 언약의 표인 세례는 무엇이란 말인가? 그 유아와 맺었던 하나님의 언약은 깨어지는 것인가?

이런 문제로 유아세례의 무익을 말하는 분들도 계십니다. 그러나 이것은 꼭 유아세례의 문제만이 아닙니다. 성인세례를 외식으로 받은 경우도 있는데, 사도행전 8장에 나오는 마술사 시몬이 그랬습니다. 세상을 사랑하여 떠나간 데마의 예도 있습니다(딤후 4:10). 그러니까, 앞에 든 예는 유아세례의 무익을 증명하기보다는 언약의 내적실행과 외적실행의 불일치의 예입니다.

로마 가톨릭의 경우는 세례 받은 사람은 결국 천국에 들어가게 됩니다. 언약의 외적실행이 내적실행과 일치합니다. 왜냐하면 로마교의 성례는 그 자체가 능력이 있기 때문입니다. 광신주의자들의 경우는 성령의 내적실행에만 관심있기 때문에 세례와 성만찬과 같은 언약의 외적실행을 중요하지 않게 생각하고 필요없다고 생각합니다.

　우리는 언약의 외적실행과 내적실행의 완전한 일치를 주장하지 않습니다. 왜냐하면 외적실행 자체에 능력이 있다고 생각하지 않기 때문입니다. 물세례 자체가 중생하는 능력을 갖지 않기 때문입니다. 그렇다고 우리가 언약의 외적실행과 내적실행을 분리하지 않습니다. 왜냐하면 외적실행은 내적실행의 공적인 증거이기 때문입니다. 물세례는 성령의 중생의 씻음의 공적인 표입니다.

　언약의 외적실행은 내적실행이 교회 앞에 나타난 것입니다. 세례 받은 자를 특별한 이유 없이 의심의 눈으로 바라볼 수 없습니다. 우리에겐 사랑의 판단이 필요합니다. 오히려 언약의 외적실행에 참여한 자를 내적실행에 참여한 자로 바라보고, 언약공동체 안에 받아들여야 합니다. 불신앙이 분명하게 드러나지 않는 한, 우리는 외적실행에 참여한 이들을 언약 안에 있는 자로 받아들여야 합니다.

성경이 요구하는 대로 신앙을 고백하는 부모의 자녀는 언약의 자녀로 대우해야 마땅합니다. 부모는 아이를 위해 기도하며 양육해야 하고, 자녀들은 주의 말씀을 배우며 언약 안에 머물러야 합니다. 그리고 나중에 자신의 신앙고백을 통해 스스로 언약에 대한 책임을 져야 합니다. 결국 인간은 각자가 하나님 앞에 서기 때문입니다. 배우자가 아내를 대신하여 설 수 없고, 부모가 자녀를 대신하여 서지 않습니다. 그래서 교회에는 입교가 있습니다. 그때까지 교회와 부모는 언약 백성에 대한 책임을 다하며, 아이에게 성경을 가르치며, 믿음의 도리를 전하며, 하나님의 백성이 가는 길로 강권합니다. 그러나 만일 그들이 언약을 떠난다면, 그들은 언약을 깬 것이고 그에 대한 책임은 그들에게 있습니다. 그들은 어려서부터 많은 좋은 것들을 얻었기 때문입니다. 언약을 떠났을지라도 우리는 사랑과 기대를 갖고 그들을 대해야 합니다. 오늘 믿지 않는 자가 내일 믿을 수 있기 때문입니다.

"너와 네 후손의 하나님이 되리라"(창 17:7)고 말씀하셨던 하나님이 이 모든 일을 다 이루시는 때에, 하나님의 장막이 사람들과 함께 있으매 하나님이 그들과 함께 계시리니 그들은 하나님의 백성이 되고 하나님은 친히 그들과 함께 하실 것입니다(계 21:3). "이기는 자는 이것들을 상속으로 받으리라 나는 그의 하나님이 되고 그는 내 아들이 되리라"(계 21:7).